Laurence Sterne, geboren am 24. November 1713 in Clonmel/Irland, ist am 18. März 1768 in London gestorben.

Nach zwanzigjähriger Tätigkeit als Pfarrer schrieb der berühmte englische Erzähler Laurence Sterne seinen Roman *Tristram Shandy*, dessen beide erste Teile im Jahre 1760 herauskamen und ihn über Nacht berühmt machten. Weitaus bekannter wurde er vor allem in Frankreich und Deutschland durch seinen Reisebericht *Reise des Herzens*, von dem noch im Jahre seines Erscheinens 1768 die deutsche Übersetzung von Bode erschien. In locker gefügten Skizzen entsteht ein lebendiges Bild der Reise des Landpfarrers Yorick, der schon aus *Tristram Shandy* bekannt ist, von Calais über Amiens, Paris, Moulin nach Lyon. Das Buch ist kein Reisebericht im üblichen Sinne, es geht nicht um das Äußere, sondern um die Eindrücke, die Yorick empfindet, um das, was sich in seiner Seele spiegelt. Sterne schreibt selbst über sein Buch: Es solle lehren: »die Welt und unsere Mitmenschen mehr zu lieben, als sie es tun – somit geht es hauptsächlich um jene sanfteren Leidenschaften und Neigungen, die dies so sehr fördern«.

insel taschenbuch 277

Sterne

Reise des Herzens

LAURENCE STERNE
YORICKS
REISE DES HERZENS DURCH FRANKREICH UND ITALIEN

Aus dem Englischen übersetzt und
mit einem Nachwort versehen
von Helmut Findeisen
Mit zwölf Holzschnitten
nach Tony Johannot

INSEL

insel taschenbuch 277
1. Auflage 1977
Lizenzausgabe der Dieterich'schen Verlagsbuchhandlung
Leipzig Deutsche Demokratische Republik © 1956
Vertrieb durch den Suhrkamp Taschenbuch Verlag
Typografie: Max Bartholl
Umschlag nach Entwürfen von Willy Fleckhaus
Satz: Weihrauch, Würzburg
Druck: Ebner, Ulm
Printed in Germany

STERNE

»In Frankreich«, sagte ich, »versteht man sich besser darauf.«

»Sie waren in Frankreich?« sagte der Herr und wandte sich mir rasch zu mit dem höflichsten Triumph von der Welt.

»Seltsam!« sagte ich, als ich darüber nachdachte, »daß eine Seereise von einundzwanzig Meilen – denn es ist durchaus nicht weiter von Dover nach Calais – einem Menschen solche Rechte verleihen sollte. Ich werde ihnen auf den Grund gehn.« Damit gab ich die Überlegung auf, ging geradewegs in meine Wohnung, packte ein halbes Dutzend Hemden und eine schwarzseidne Hose ein – »der Rock, den ich anhabe«, sagte ich und besah mir den Ärmel, »geht noch« –, setzte mich in die Postkutsche nach Dover und – da das Schiff am nächsten Morgen um neun abfuhr – saß schon um drei bei Tisch über einem frikassierten Huhn so unbestreitbar in Frankreich, daß, wäre ich noch am selben Abend an Verdauungsstörung gestorben, die ganze Welt das Inkrafttreten des droit d'aubaine* nicht hätte aufhalten können; – meine Hemden und die schwarzseidne Hose, Gepäck und alles andre wären dem König von Frankreich verfallen; – sogar das Bildchen, das ich so lange bei mir getragen habe und, wie ich dir, Elisa, so oft sagte, mit ins Grab nehmen wollte, hätte man mir vom Halse gerissen. – Wie schändlich, sich der Hinterlassenschaft eines unbedachten Reisenden zu bemächtigen, den Ew. Majestät Untertanen erst an ihre

* Hab und Gut von Fremden (Schweizern und Schotten ausgenommen), die in Frankreich sterben, wird kraft dieses Gesetzes beschlagnahmt, auch wenn der Erbe zur Stelle ist. Da diese zufälligen Einkünfte verpachtet sind, ist an Wiederherausgabe nicht zu denken.

Küste lockten! – Beim Himmel, Sire, das ist nicht recht, und es betrübt mich sehr, daß es der Herrscher eines so kultivierten und höflichen, wegen seiner Gesinnung und feinen Empfindungen berühmten Volkes ist, mit dem ich rechten muß!
Aber ich habe ja kaum meinen Fuß in Ew. Majestät Reich gesetzt.

CALAIS

Nachdem ich meine Mahlzeit beendet und auf das Wohl des Königs von Frankreich getrunken hatte, um meinem Gewissen zu versichern, daß ich ihm nichts nachtrüge, sondern ihn im Gegenteil wegen der Menschlichkeit seiner Gesinnung hoch verehrte, fühlte ich mich beim Aufstehn einen Zoll größer auf Grund der Versöhnung. »Nein«, sagte ich, »die Bourbonen sind keineswegs grausam. Man kann sie irreführen, wie andere Menschen, aber in ihrem Blute liegt eine gewisse Sanftmut.« Als ich das bekannte, spürte ich eine feinere Röte auf meinen Wangen, wärmer und menschenfreundlicher als der Burgunder (wenigstens der zu zwei Franken die Flasche, den ich gerade getrunken hatte) zu erzeugen imstande gewesen wäre.
»Gerechter Gott!« sagte ich und stieß mein Gepäck mit dem Fuß zur Seite, »sind's die Güter dieser Welt denn wert, daß wir einander verfeinden und so viele unserer gutherzigen Menschenbrüder so grausam ausfällig werden, wie es gelegentlich geschieht?«
Wieviel leichter als eine Feder ist das schwerste der Metalle in seiner Hand, wenn der Mensch mit dem Menschen in Frieden lebt! Er zieht seine Börse, schwenkt

sie leichtherzig und locker und schaut um sich, als suche er jemand, mit dem er sie teilen könne. – Indem ich dies tat, fühlte ich, wie sich jede Ader in meinem Körper erweiterte – die Arterien pulsierten fröhlich im Takt, und jede lebenserhaltende Kraft arbeitete mit so geringer Reibung, daß die physikalisch gebildetste Preziöse Frankreichs in Verwirrung geraten wäre: bei all ihrem Materialismus hätte sie mich schwerlich eine Maschine nennen können.

»Ich bin fest überzeugt«, sagte ich mir, »ich hätte ihren Glauben umgestürzt.«

Dieser Gedanke führte meine Natur in jenem Augenblick so hoch empor, wie sie nur zu steigen vermochte. Mit der Welt befand ich mich schon vorher wieder im Frieden, und das versöhnte mich nun mit mir selbst.

»Wenn ich jetzt König von Frankreich wäre«, rief ich, »welch ein Augenblick für ein Waisenkind, das käme und mich um das Erbgut seines Vaters bäte!«

DER MÖNCH
CALAIS

Kaum waren mir diese Worte entfahren, als ein armer Mönch vom Orden des heiligen Franziskus ins Zimmer trat, um eine kleine Gabe für sein Kloster zu erbitten. Niemand hat es gern, wenn seine Tugenden zum Spielball des Zufalls werden – der eine mag vielleicht freigebig sein, während ein anderer reich ist; – sed non quoad hanc – oder wie dem auch sei – denn über Ebbe und Flut unserer Launen läßt sich nichts Sicheres aussagen; vielleicht hängen sie – was weiß ich – von den gleichen Ursachen ab, die die Gezeiten des Meeres hervorrufen. Oft wäre es keine Schande, wenn wir annähmen, es verhalte sich so. Ich wenigstens meinerseits wäre in vielen Fällen sicherlich zufriedener, wenn die Welt sagte, ich hätte ein Verhältnis mit dem Mond gehabt, worin weder Sünde noch Schande liegt, als daß sie etwas für meine ureigenste Handlung ansähe, was sehr viel von beidem enthält. –

Sei dem aber, wie ihm wolle – sobald ich den Mönch sah, war ich fest entschlossen, ihm keinen einzigen Sou zu geben; und so steckte ich meine Börse in die Tasche, knöpfte sie zu, warf mich in Positur und ging ihm mit ernster Miene entgegen. In meinem Blicke lag, fürchte ich, etwas Abweisendes. Noch immer habe ich seine Gestalt vor Augen, und ich glaube, es war eine gewisse Würde daran, die bessere Behandlung verdiente.

Wie ich nach den Resten seiner Tonsur urteilte – es waren davon nur ein paar verstreute weiße Haare an den Schläfen übrig –, mochte der Mönch ungefähr siebzig Jahre alt sein; doch seinen Augen nach und dem Feuer, das darin glühte und mehr durch Höflichkeit als durch die Zahl der Jahre gedämpft schien, konnte er nicht mehr als sechzig zählen: – die Wahrheit dürfte wohl in der Mitte liegen – sicherlich war er fünfundsechzig, und das allgemeine Bild seiner Gesichtszüge stimmte damit überein, obwohl irgendein Anlaß frühzeitig Furchen hineingegraben zu haben schien.

Es war einer von jenen Köpfen, wie sie Guido oft gemalt hat: sanft, blaß, durchgeistigt, frei von allen Gemeinplätzen feister, zufriedener, den Blick zur Erde senkender Unwissenheit; er schaute geradeaus, aber auf eine Weise, als betrachte er etwas jenseits dieser Welt. Wie einer seines Ordens zu einem solchen Kopfe kam, weiß der Himmel droben am besten, der ihn auf die Schultern eines Mönchs fallen ließ. Er würde einem Brahmanen gut gestanden haben, und wenn ich ihm auf den Ebenen Hindostans begegnet wäre, hätte ich ihn ehrfürchtig gegrüßt. Das übrige seiner Erscheinung läßt sich mit wenigen Strichen zeichnen, ja man könnte es sogar in jedermanns Hand legen, sie zu umreißen; denn sie war weder elegant noch sonstwie anders als Charakter und Ausdruck sie eben machte. Sie war schmal und hager und von überdurchschnittlicher Größe, wenn sie diesen Vorzug nicht durch Vorbeugen des Oberkörpers wieder einbüßte – aber das war eben die Haltung eines Bittenden; und wie sie jetzt vor meinem geistigen Auge steht, gewann sie dadurch mehr als sie verlor.

Nachdem er drei Schritt ins Zimmer getreten war, blieb er stehn und legte die linke Hand auf die Brust (in der rechten hielt er einen dünnen weißen Wanderstab). Ich war schon dicht an ihn herangekommen, als er sich mit einer kleinen Geschichte von den Nöten seines Klosters und der Armut seines Ordens vorstellte. Er tat das mit so ungekünstelter Anmut und so beredter Entschuldigung in seinem Blick und seiner ganzen Gestalt – ich muß verhext gewesen sein, daß ich davon nicht gerührt wurde.– Ein besserer Grund war freilich, daß ich vorher beschlossen hatte, ihm auch nicht einen einzigen Sou zu geben.

DER MÖNCH
CALAIS

»Sehr wahr«, sagte ich als Antwort auf einen Blick gen Himmel, mit dem er seine Rede beendete, »sehr wahr – und der Himmel helfe denen, die sich auf nichts anderes stützen als auf die Mildtätigkeit der Welt, deren Vermögen, wie ich fürchte, keineswegs ausreicht für die zahlreichen und großen Ansprüche, die stündlich an sie gestellt werden.«

Wie ich die Worte »große Ansprüche« aussprach, warf er einen flüchtigen Blick auf den Ärmel seiner Kutte. Ich spürte die volle Kraft meiner Mahnung.

»Ich gebe zu«, sagte ich, »eine grobe Kutte – und das nur einmal aller drei Jahre – und dazu magere Kost, das ist nicht viel; aber das eigentlich Traurige bei der Sache ist – da man sich doch beides mit so wenig Fleiß in der Welt selbst verdienen kann –, daß euer Orden sich diese Dinge zu verschaffen sucht, indem er von einem Fonds zehrt, der den Lahmen, Blinden, Alten und Kranken gehört! – Der Gefangene, der im Kerker liegt und immer wieder die Tage seiner Trübsal zählt, sehnt sich auch nach seinem Anteil daran; und wärst du vom Orden der barmherzigen Brüder statt vom Orden des heiligen Franziskus: so arm ich auch bin«, fuhr ich fort und zeigte auf mein Gepäck, »mit Freuden hätte ich es dir geöffnet zur Unterstützung der Unglücklichen.« – Der Mönch verbeugte sich gegen mich. »Aber vor allen anderen«, nahm ich den Faden wieder auf, »haben die Armen unseres eigenen Landes sicher den ersten Anspruch darauf: und ich habe Tausende im Elend in meinem eigenen Land zurückgelassen.«

Der Mönch machte eine treuherzige Bewegung mit dem Kopf, als wollte er sagen: Ohne Zweifel gibt es Elend genug in jedem Winkel der Welt, genau wie in unserem Kloster.

»Aber wir machen einen Unterschied«, sagte ich und legte in Erwiderung seiner Geste meine Hand auf den Ärmel seiner Kutte, »wir machen einen Unterschied, mein guter Pater, zwischen denjenigen, die im Grunde nur durch eigene Arbeit verdientes Brot essen wollen, und denen, die das Brot anderer Leute verzehren und dabei kein anderes Ziel haben, als ihr Leben in Trägheit und Unwissenheit zu verbringen *um der Liebe Gottes willen.*«

Der arme Franziskaner gab keine Antwort. Einen Augenblick lang flog eine hektische Röte über seine Wangen, konnte aber nicht darauf verweilen. Seine Natur schien ihre Empfindsamkeit verloren zu haben: er zeigte keine, sondern ließ den Stab in den Arm fallen, preßte beide Hände entsagungsvoll gegen die Brust und begab sich hinweg.

DER MÖNCH
CALAIS

Er hatte kaum die Tür hinter sich ins Schloß gezogen, als mein Herz augenblicklich beklommen zu schlagen begann.

»Pah!« sagte ich dreimal hintereinander mit gespielter Sorglosigkeit, aber es wollte nicht helfen. Jede unfreundliche Silbe, die ich von mir gegeben hatte, drängte sich meiner Phantasie wieder auf. Ich sagte mir, ich hätte kein Recht zu meiner Haltung dem armen Franziskaner gegenüber; – allerdings konnte ich ihm eine Gabe verweigern, doch das wäre Strafe genug für den Enttäuschten gewesen, auch ohne die Zugabe verletzender Worte. Ich erinnerte mich seines grauen Haars: – seine würdige Gestalt schien wieder einzutreten und mich bescheiden zu fragen, was er mir denn angetan habe und warum ich ihn so behandeln konnte. – Zwanzig Franken hätte ich einem Verteidiger meiner Sache geboten.

Ich habe mich sehr schlecht benommen, sagte ich mir

im Innern, aber ich habe ja gerade erst meine Tour begonnen und werde mich auf der Weiterreise schon noch besser benehmen lernen.

DIE DESOBLIGEANTE
CALAIS

Wenn ein Mensch mit sich selbst unzufrieden ist, so hat das wenigstens den einen Vorteil, daß es ihn in eine geeignete Gemütsverfassung versetzt, einen Kauf abzuschließen. Da man nun nicht ohne Wagen durch Frankreich und Italien reisen kann – und die Natur uns gewöhnlich das zu tun veranlaßt, wozu wir gerade am besten in der Lage sind –, ging ich zum Fuhrpark, um mir ein für meine Zwecke geeignetes Gefährt zu kaufen oder zu mieten. Eine alte Desobligeante* im hintersten Winkel des Hofes gefiel mir auf den ersten Blick. Sogleich stieg ich hinein, und da ich fand, daß sie in ganz erträglichem Maße mit meinen Gefühlen harmonierte, befahl ich dem Aufseher, mir Monsieur Dessein, den Wirt, zu rufen. – Monsieur Dessein war aber gerade zur Vesper gegangen, und da ich keinen Wert darauf legte, dem Franziskaner zu begegnen, den ich auf der entgegengesetzten Seite des Hofes im Gespräch mit einer Dame sah, die soeben in dem Gasthaus angekommen war, zog ich den taftenen Vorhang zu, nahm Feder und Tinte heraus – denn ich hatte beschlossen, ein Reisetagebuch zu führen – und schrieb die Vorrede dazu in der Desobligeante.

* »Ungefällige«, eine schmale Kutsche für nur zwei Personen.

So mancher peripatetische Philosoph muß schon bemerkt haben, daß die Natur auf Grund ihrer eigenen unbestreitbaren Autorität dem Wohlbefinden des Menschen gewisse Schranken setzt. Sie erreicht ihren Zweck auf die einfachste und bequemste Weise, indem sie ihm die fast unabweisbare Verpflichtung auferlegt, sein Glück in seinem Vaterland zu machen und seine Leiden daheim zu tragen. Nur dort stellt sie ihm die geeignetsten Gefährten zur Seite, die mit ihm sein Glück genießen und einen Teil der Last tragen können, die doch in allen Ländern und zu allen Zeiten zu schwer für ein paar Schultern ist. Zwar sind wir mit einer bescheidenen Fähigkeit ausgestattet, unser Glück manchmal über die von der Natur gesteckten Grenzen hinauszudehnen; es ist aber so eingerichtet, daß die Mitteilung unserer Empfindungen außerhalb unserer eigenen Sphäre durch Mangel an Sprachkenntnissen, Verbindungen und Bekanntschaften und durch die Verschiedenheit von Bildung, Sitten und Gewohnheiten so vielen Behinderungen unterliegt, daß dies oft einer völligen Unmöglichkeit gleichkommt.
Daraus wird immer folgen, daß der im Ausland reisende Abenteurer beim Austausch von Empfindungen im Nachteil ist: er muß zu willkürlich festgesetzten Preisen Dinge kaufen, für die er nur wenig Verwendung hat, während seine Konversation selten ohne hohen Diskont von den Einheimischen als Gegenwert für ihre eigene in Zahlung genommen wird. Das treibt ihn allmählich, aber unaufhaltsam, in die Hände von billigeren Maklern, und es bedarf keiner großen Weissagungsgabe, zu erraten, was bei der Unterhaltung, die er gerade noch findet, für ihn selbst herausspringt.

Das bringt mich nun zu meinem eigentlichen Thema und führt mich naturgemäß (falls das Schaukeln der Desobligeante mir fortzufahren erlaubt) zu den wirklichen und ausschlaggebenden Reisegründen.
Das Reisen müßiger Leute, die ihre Heimat verlassen und aus einem bestimmten Grund oder auch aus mehreren Gründen ins Ausland gehen, läßt sich aus einer der folgenden allgemeinen Ursachen herleiten:

Gebrechlichkeit des Körpers,
Schwachheit des Geistes oder
Unumgängliche Notwendigkeit

In die ersten beiden Gruppen gehören alle Reisenden zu Lande und zu Wasser, die an Hochmut, Neugier, Eitelkeit oder Launenhaftigkeit in allen Abstufungen und Kombinationen ad infinitum leiden.
Die dritte Gruppe umfaßt die ganze Armee von umherziehenden Märtyrern, im besonderen jene, die mit dem Vorrecht des Klerus reisen, sei es als Delinquenten unter der Aufsicht von behördlich empfohlenen Begleitern oder als junge Herren, die durch die Grausamkeit der Eltern und Vormünder von zu Hause verbannt sind und unter der Aufsicht von Begleitern stehn, die von den Universitäten Oxford, Aberdeen und Glasgow empfohlen werden.
Es gibt noch eine vierte Gruppe, aber deren Zahl ist so gering, daß sie eine besondere Erwähnung nicht verdiente, wäre es in einem Werke dieser Art nicht notwendig, größte Feinheit und Genauigkeit zu beobachten, um eine Vermengung der Charaktere zu vermeiden: ich spreche von solchen Leuten, die die Meere durchkreuzen und sich unter Fremden aufhalten, lediglich um aus verschiedenen Gründen und unter verschiedenen Vorwänden Geld zu

sparen. Da sie aber sich selbst und auch anderen eine ganze Menge unnötiger Mühe sparen könnten, wenn sie ihr Geld zu Hause zusammenhielten – und weil ihre Reisegründe die am wenigsten komplizierten von allen anderen Emigrantengattungen sind –, so nenne ich diese Herrschaften zur Unterscheidung

Simple Reisende.

In ähnlicher Weise läßt sich der ganze Kreis der Reisenden auf die folgenden Kategorien zurückführen:

Müßige Reisende,
Neugierige Reisende,
Verlogene Reisende,
Aufgeblasene Reisende,
Eingebildete Reisende,
Spleenige Reisende;

darauf folgen:

der aus Notwendigkeit Reisende,
der reisende Delinquent und Verbrecher,
der Unglückliche und Unschuldige Reisende,
der Simple Reisende,

und zu guter Letzt (mit Verlaub)

der Empfindsame Reisende
(womit ich mich selbst meine),

der ebensogut aus Notwendigkeit und besoin de voyager reist wie nur irgendein anderer; – und worüber einen Bericht zu schreiben ich mich niedergesetzt habe.
Ich bin mir gleichzeitig wohl bewußt, daß ich für mich ganz allein eine eigene Kategorie beanspruchen könnte, da sowohl meine Reisen als auch meine Beobachtungen

von einem ganz anderen Schlage sind als die meiner Vorgänger; aber ich würde die Grenze zur Gruppe der Eingebildeten Reisenden durchbrechen, wenn ich die Aufmerksamkeit auf meine Person lenken wollte, noch ehe ich bessere Gründe dafür habe als die bloße Neuheit meines Unterfangens. Für meine Leser mag es genügen – falls sie selbst einmal auf Reisen waren –, wenn sie durch das Studium vorstehenden Katalogs und einiges Nachdenken darüber in der Lage sind, ihren eigenen Platz und Rang darin zu bestimmen. Es ist dies ein Schritt zur Selbsterkenntnis; denn man kann mit Sicherheit annehmen, daß ihnen noch bis zur gegenwärtigen Stunde eine leichte Färbung und eine gewisse Beeinflussung durch das anhaftet, was sie in der Fremde aufnahmen oder dort erlebten.

Der Mann, der zuerst die Burgunder Traube an das Kap der guten Hoffnung verpflanzte (man beachte, es war ein Holländer), dachte nicht im Traum daran, daß er am Kap den gleichen Wein trinken würde, den dieselbe Rebe auf den französischen Bergen hervorgebracht hatte – dazu war er zu phlegmatisch; aber unzweifelhaft hoffte er, irgendein weinartiges Getränk erzeugen zu können – sei es nun gut, schlecht oder mittelmäßig. Er kannte die Welt gut genug, um zu wissen, daß dies nicht von ihm abhing, sondern daß das, was man gemeinhin Glück zu nennen pflegt, den Erfolg bestimmen würde. Gleichwohl hoffte er das Beste; und in dieser Hoffnung hätte Mynheer in seinem neuen Weingarten möglicherweise sein unmäßiges Vertrauen in die Kraft seines Verstandes und die Tiefe seiner Einsicht verlieren und durch Enthüllung seiner Blöße zur Zielscheibe des Spottes der Nachbarn werden können.

So ergeht es auch dem armen Reisenden, der zu Schiff

Voyageurs oisifs
Voyageurs curieux.
Voyageurs menteurs.
Voyageurs orgueilleux.
Voyageurs mélancoliques.
Voyageurs vains.
Voyageur criminel et felon.
Viennent ensuite :
Le Voyageur de nécessité
Le Voyageur malheureux et innocent
Le Voyageur simple
CJAQUE
J BASTIN

und mit der Postkutsche die zivilisierten Länder des Erdballs durchquert, um Kenntnisse und Erfahrungen zu sammeln.
Zwar kann man Kenntnisse und Erfahrungen erwerben, wenn man zu diesem Zwecke reist, aber ob es nützliche Kenntnisse und ersprießliche Erfahrungen sind, das ist reines Glücksspiel. Und auch wenn der Spieler dabei gewinnt, muß er den erworbenen Schatz mit Vorsicht und Bedacht verwenden, wenn er ihm zum Vorteil gereichen soll. Doch da die Aussichten betreffs Erwerb und Verwendung in überwältigendem Maße ungünstig sind, bin ich der Meinung, man tut genauso klug daran – wenn man es über sich gewinnen kann –, ohne fremdländische Kenntnisse oder fremdländische Erfahrungen zufrieden zu leben, und das besonders dann, wenn man in einem Lande wohnt, in dem weder das eine noch das andere unbedingt vonnöten ist. Und wahrhaftig, welch großen Kummer hat es mir manches liebe Mal bereitet, wenn ich mit ansehn mußte, wie ein Neugieriger Reisender viele beschwerliche Wege zurücklegte, nur um Sehenswürdigkeiten und neuentdeckte Dinge zu betrachten, die er sämtlich, wie Sancho Panza zu Don Quijote sagte, trockenen Fußes auch zu Hause hätte sehen können. Dieses Zeitalter ist so voller Licht; es gibt kaum ein Land oder einen Winkel in Europa, dessen Strahlen nicht von anderen gekreuzt und reflektiert würden. Die Gelehrsamkeit gleicht in den meisten ihrer Zweige und in den meisten Fällen italienischer Gassenmusik, an der auch die teilhaben, die nichts dafür bezahlen. – Doch es gibt keine Nation unter dem Himmel – und Gott (vor dessen Richterstuhl ich eines Tages erscheinen und Rechenschaft über dieses Werk ablegen muß) ist mein Zeuge, daß ich das nicht aus Prahlerei sage –,

doch es gibt keine Nation unter dem Himmel, die reicher an vielgestaltiger Gelehrsamkeit ist – wo man die Wissenschaften schicklicher umwerben oder sicherer meistern kann als hier – wo man die Kunst fördert und sie darum bald zu hoher Blüte emporsteigen wird – wo die Natur (im ganzen genommen) nur so wenige Dinge versagt – und, um abzuschließen, wo Mutterwitz und Mannigfaltigkeit der Charaktere mehr geistige Nahrung bieten: »Wo wollen Sie denn hin, meine lieben Landsleute?«
»Wir wollen uns nur diese Kutsche ansehn«, sagten sie.
»Ihr ergebenster Diener!« sagte ich, sprang heraus und lüftete den Hut.
»Wir wunderten uns«, sagte einer von ihnen, der, wie ich bemerkte, ein Neugieriger Reisender war, »was wohl ihr Schaukeln verursachen könnte.«
»Die Erregung beim Schreiben eines Vorworts«, erwiderte ich kühl.
»Ich habe noch nie von einem Vorwort gehört«, sagte der andere, der ein Simpler Reisender war, »das in einer Desobligeante geschrieben wurde.«
»In einem Vis-à-vis«, sagte ich, »wäre es allerdings besser gegangen.«
Da ein Engländer nicht reist, um Engländern zu begegnen, zog ich mich auf mein Zimmer zurück.

CALAIS

Ich bemerkte, daß außer mir noch etwas den Korridor verdunkelte, als ich auf mein Zimmer ging. Es war tatsächlich Monsieur Dessein, der Wirt, der gerade von der Vesper zurückgekehrt war und mir mit dem Hut unter dem Arm ganz bescheiden folgte, um mich an meine

Wünsche zu erinnern. Ich hatte mir beim Schreiben den Plan mit der Desobligeante so ziemlich aus dem Kopf geschlagen, da aber jetzt Monsieur Dessein mit einem Achselzucken davon sprach, als wäre sie in keiner Weise für mich geeignet, schoß mir augenblicklich der Gedanke durch den Kopf, sie müsse einem Unschuldigen Reisenden gehört haben, der es auf seiner Heimfahrt der Ehrenhaftigkeit Monsieur Desseins anvertraute, sie so gut wie möglich zu verkaufen. Vier Monate waren verstrichen, seit sie ihre Europareise in dem Winkel von Monsieur Desseins Wagenpark beendet hatte, von wo sie ursprünglich in schon geflicktem Zustand losgefahren war. Die neuen Abenteuer hatten ihren Zustand nicht gerade verbessert, obwohl sie auf dem Mont Cenis zweimal völlig auseinandergenommen worden war; aber nichts hatte ihr mehr geschadet als das monatelange Herumstehen in dem Winkel von Monsieur Desseins Wagenpark. Viel konnte man weiß Gott nicht zu ihren Gunsten sagen, aber etwas eben doch – und wenn ein paar Worte das Elend aus seiner Verzweiflung retten können, dann hasse ich den Menschen, der es fertigbringt, damit zu geizen.

»Wenn ich hier der Wirt wäre«, sagte ich und tippte mit der Spitze meines Zeigefingers auf Monsieur Desseins Brust, »so würde ich auf alle Fälle Wert darauf legen, diese unglückliche Desobligeante loszuwerden. Sie schaukelt Ihnen ja Vorwürfe zu, sooft Sie daran vorübergehn.«

»Mon Dieu!« rief Monsieur Dessein, »ich habe kein Interesse daran . . .« – »Abgesehn von dem Interesse«, fiel ich ein, »das Leute einer gewissen Geistesart, Monsieur Dessein, an ihren eigenen Empfindungen haben. – Ich bin überzeugt, jede regnerische Nacht muß einem

Menschen wie Ihnen, der für sich selbst und auch für andere fühlt – verbergen Sie es, wie Sie wollen –, einen Schatten aufs Gemüt werfen. Monsieur Dessein, Sie leiden ebenso wie der Wagen.«

Ich habe schon immer beobachtet, daß, wenn ein Kompliment gleichviel Saures wie Süßes enthält, ein Engländer ewig in Verlegenheit ist, ob er es annehmen oder auf sich beruhen lassen soll, ein Franzose dagegen niemals. Monsieur Dessein machte mir eine Verbeugung. »C'est bien vrai«, sagte er, »aber in diesem Falle würde ich nur eine Sorge gegen eine andere eintauschen, und mit Verlust dazu. Stellen Sie sich vor, mein lieber Herr, ich gäbe Ihnen einen Wagen, der in Stücke fiele, noch ehe Sie halbwegs bis Paris gekommen wären – stellen Sie sich vor, wie ich darunter leiden würde, einem Ehrenmann ein so schlechtes Bild von mir gegeben zu haben und als unvermeidliche Folge davon bei einem homme d'esprit in Ungnade gefallen zu sein.«

Diese Pille war genau nach meinem eigenen Rezept gemacht, und ich konnte nicht umhin, sie zu schlucken, – so gab ich Monsieur Dessein seine Verbeugung zurück, und ohne weitere Wortfechterei gingen wir zusammen zu seinem Wagenschuppen, um seinen Bestand an Reisewagen zu besichtigen.

AUF DER STRASSE
CALAIS

Es muß notwendigerweise eine feindselige Welt sein, wenn ein Käufer (und wenn es sich nur um eine schäbige Kutsche handelt) nicht mit dem Verkäufer auf die Straße gehen kann, um die Meinungsverschiedenheiten

zwischen beiden zu schlichten, ohne daß er sogleich in denselben Gemütszustand verfällt und seinen Partner mit dem gleichen Blick abschätzt, als ginge er mit ihm zur Hyde Park Corner ein Duell ausfechten. Was mich anbelangt, so war ich nur ein mäßiger Fechter und keineswegs Monsieur Dessein gewachsen; ich fühlte darum alle Gemütsbewegungen in mir kreisen, die dieser Situation eigentümlich sind; ich sah Monsieur Dessein mit durchdringenden Blicken an, – betrachtete ihn beim Laufen im Profil – dann en face –, bildete mir ein, er sähe aus wie ein Jude, dann wieder wie ein Türke – fand Mißfallen an seiner Perücke – verfluchte ihn bei meinen Göttern – wünschte ihn zum Teufel!
Und all das Gift sollte mein Herz zerfressen, nur wegen armseliger drei oder vier Louisdor, um die ich bestenfalls übervorteilt werden konnte? – »Niedrige Leidenschaft!« rief ich und wandte mich um, wie man es ganz von selbst bei einem plötzlichen Gefühlsumschwung tut, »niedrige, unedle Leidenschaft! Du bist gegen jedermann, und jedermann ist gegen dich.«
»Das verhüte der Himmel!« sagte sie und hob ihre Hand bis in Stirnhöhe; denn ich hatte mich voll gegen die Dame gewandt, die ich im Gespräch mit dem Mönch gesehen hatte und die uns unbemerkt gefolgt war.
»Wahrhaftig, das verhüte der Himmel!« sagte ich und bot ihr die meine. Sie trug ein Paar schwarzseidene Handschuhe, die nur am Daumen und den beiden ersten Fingern offen waren, und so nahm sie meine Hand ohne Zurückhaltung, und ich führte sie zur Tür des Wagenschuppens.
Mehr als fünfzigmal hatte Monsieur Dessein schon den Schlüssel verflucht, ehe er gewahr wurde, daß er einen falschen mitgebracht hatte. Wir waren ebenso unge-

duldig wie er, die Tür geöffnet zu sehn, und so vertieft in das Hindernis, daß ich, fast ohne es zu wissen, noch immer ihre Hand festhielt. Monsieur Dessein ließ uns beide allein: ihre Hand in der meinen, unsere Gesichter der Tür des Wagenschuppens zugekehrt – und er sagte, er wolle in fünf Minuten wieder zurück sein.
Nun ist in einer solchen Situation ein Gespräch von fünf Minuten gleichviel wert wie eins von ebensovielen Jahrhunderten, wenn man mit dem Gesicht zur Straße steht. Im letzteren Falle nimmt man den Gesprächsstoff von den Gegenständen und Vorfällen der Umgebung; – sind die Augen aber auf ein leeres Nichts gerichtet, dann schöpft man ihn ganz aus sich selbst. Ein einziger Augenblick des Schweigens nach Monsieur Desseins Abgang hätte die Gelegenheit verpatzt – sie hätte sich unfehlbar herumgedreht. Ich begann deshalb sofort die Unterhaltung.
Was mich aber dazu verführte (ich schreibe das nicht, um mich für die Schwachheit meines Herzens auf dieser Reise zu entschuldigen, sondern um einen Bericht davon zu geben), soll mit derselben Einfachheit dargestellt werden, mit der ich es empfand.

DIE TÜR DES WAGENSCHUPPENS
CALAIS

Als ich dem Leser mitteilte, ich legte keinen Wert darauf, aus der Desobligeante zu steigen, weil ich den Mönch in ein Gespräch mit einer Dame vertieft sah, die gerade in dem Gasthof angekommen war, sagte ich ihm die Wahrheit – aber ich sagte ihm nicht die volle Wahrheit; denn ebensosehr hielt mich Erscheinung und Figur der

Dame zurück, mit der er sprach. Der Verdacht schoß mir durchs Hirn, er erzähle ihr eben, was vorgefallen war, und das erzeugte einen Mißklang in mir – ich verwünschte ihn in sein Kloster.

Wenn das Herz dem Verstand voranfliegt, so spart das der Urteilskraft eine Welt von Schmerzen. Ich war sicher, daß sie zu einer besseren Gattung von Lebewesen gehörte; – doch dachte ich nicht weiter über sie nach, sondern fuhr fort, meine Vorrede zu schreiben.

Dieser erste Eindruck kam mir wieder ins Gedächtnis bei meiner Begegnung mit ihr auf der Straße; – die freimütige Artigkeit, mit der sie mir ihre Hand überließ, zeigte – wie ich glaubte – ihre gute Erziehung und Bildung – und wie ich sie so bei der Hand führte, spürte ich eine angenehme Fügsamkeit in ihr, die mein Gemüt mit dem Mantel der Ruhe umhüllte.

Mein Gott! Wie gern würde ein Mann mit solch einem Geschöpf um die ganze Erde reisen!

Ich hatte ihr Gesicht noch nicht gesehen – doch das tat nichts zur Sache, denn ich begann sogleich, mir ein Bild davon zu entwerfen, und lange bevor wir an die Tür des Wagenschuppens kamen, hatte die Malerin Phantasie den ganzen Kopf vollendet und freute sich so sehr darüber, daß er ihrer Göttin gut stand, als hätte sie ihn vom Grunde des Tiber heraufgeholt. – Allein du bist eine verführte und verführerische Dirne und folglich betrügst du uns siebenmal am Tag mit deinen Bildern und Vorstellungen, doch du tust es mit so viel Charme und stellst deine Modelle als so engelgleiche Lichtgestalten dar, daß man einfach nicht mit dir brechen mag!

Als wir an der Tür des Wagenschuppens angekommen waren, nahm sie ihre Hand von der Stirn und ließ mich das Original sehen: – es war ein Gesicht von ungefähr

sechsundzwanzig Jahren, von reinem, hellem Braun, naturecht und ohne Rouge und Puder. – Es war nicht schön nach kritischen Maßstäben, aber es enthielt etwas, das mich in meinem damaligen Gemütszustand viel mehr anzog: – es war interessant. Ich bildete mir ein, es trüge die Kennzeichen des Witwenstands, und zwar in dem Stadium seines Abklingens, das die ersten beiden Schmerzausbrüche überwunden hat und schon langsam beginnt, sich über den Verlust zu trösten; – aber tausend andere Sorgen hätten dieselben Linien zeichnen können. Ich hätte gern gewußt, was sie bedeuteten – und ich war schon nahe daran zu fragen (hätte es der gute Ton erlaubt, wie zu Esras Zeiten): »Was fehlet dir? Und warum bist du so bekümmert? Und warum ist deine Seele betrübt?« Kurzum, ich verspürte ein Wohlwollen gegen sie und war entschlossen, auf die eine oder andere Weise mein Scherflein an Höflichkeit, wenn nicht gar an persönlichen Diensten, in die Waagschale zu werfen.
Das waren die Versuchungen, die an mich herantraten; – und geneigt, ihnen nachzugeben, wurde ich mit der Dame allein gelassen, ihre Hand in der meinen und mit unseren Gesichtern dichter an der Tür des Wagenschuppens als unbedingt nötig gewesen wäre.

DIE TÜR DES WAGENSCHUPPENS
CALAIS

»Gewiß, schöne Dame«, sagte ich und führte ihre Hand ein klein wenig höher empor, als ich begann, »ist dies eine der Launen Fortunas: zwei einander völlig fremde Menschen –verschiedenen Geschlechts und vielleicht aus verschiedenen Gegenden der Erde – bei der Hand zu nehmen und

sie augenblicks in eine so trauliche Situation zu führen, wie es die Freundschaft in Person – und hätte sie es einen Monat lang geplant – kaum für sie hätte einrichten können.«
»Und Ihre Betrachtungen darüber zeigen, Monsieur, wie sehr Sie durch diesen Zufall in Verlegenheit geraten sind.«
Wenn eine Situation so ist, wie wir sie uns wünschen, dann ist nichts unzeitgemäßer als ein Hinweis auf die Umstände, die sie so wünschenswert machen.
»Sie danken Fortuna«, fuhr sie fort, »und Sie haben Grund dazu – das Herz wußte es und gab sich damit zufrieden; und niemand anders als ein englischer Philosoph könnte es fertigbringen, den Verstand davon in Kenntnis zu setzen, damit er das Urteil abändere.«
Indem sie das sagte, machte sie ihre Hand frei und warf mir einen Blick zu, den ich für einen ausreichenden Kommentar zum Text hielt.
Ich zeichne hier ein jämmerliches Bild von der Schwachheit meines Herzens, wenn ich zugebe, daß es einen Schmerz empfand, wie ihn mir bedeutsamere Vorfälle nicht hätten zufügen können. – Ich war todunglücklich darüber, daß sie mir ihre Hand entzogen hatte, und die Art und Weise, wie sie es getan, goß weder Öl noch Wein in die Wunde: nie in meinem Leben litt ich schwerer an einem hündischen Minderwertigkeitsgefühl.
Der Triumph wahrhaft weiblichen Herzens über einen solchen Sieg ist aber nur kurz. Ein paar Sekunden später schon legte sie ihre Hand auf meinen Rockärmel, um ihre Entgegnung zu Ende zu führen. So gewann ich irgendwie meine Fassung zurück.
– Sie hatte übrigens nichts Wesentliches hinzuzufügen. Ich begann daher sogleich, nach einem neuen Gesprächsgegenstand für die Dame zu suchen; denn nach Ton und Moral der bisherigen Unterhaltung zu schließen, glaubte ich, mich

in ihrem Charakter getäuscht zu haben. Als sie mir aber ihr Gesicht zuwandte, war der Kampfgeist, der ihre Entgegnung beseelt hatte, verflogen, die Muskeln entspannt, und ich bemerkte denselben unverhüllten Ausdruck des Kummers, der zuerst mein Interesse für sie weckte.
– Traurig, traurig! – einst solch sprühende Lebendigkeit – und jetzt eine Beute des Kummers! – Ich bemitleidete sie aus ganzer Seele; und wenn es auch einem gefühllosen Menschen lächerlich erscheinen mag – ich hätte sie auf offener Straße in die Arme schließen und liebkosen können, ohne dabei zu erröten.
Das raschere Zirkulieren meines Blutes selbst in den Fingern, die die ihren fest umschlossen, ließ sie wohl erraten, was in mir vorging. Sie senkte den Blick; – es folgte eine Stille von einigen Sekunden.
In dieser Pause muß ich unmerklich versucht haben, ihre Hand fester zu drücken, wie ich einer zarten Bewegung nach fürchte, die ich im Inneren meiner eigenen verspürte – zwar nicht gerade so, als sei sie im Begriff, mir die ihre zu entziehen, aber als spiele sie immerhin mit dem Gedanken; und ich hätte sie unfehlbar ein zweites Mal verloren, wenn nicht Instinkt mehr als Vernunft mich zum letzten Mittel in dieser Gefahr getrieben hätte: nämlich sie ganz locker zu fassen, als wollte ich sie jeden Augenblick selber fahren lassen; – und so ließ sie es geschehen, bis Monsieur Dessein mit dem Schlüssel zurückkam. In der Zwischenzeit begann ich zu überlegen, wie ich den schlechten Eindruck verwischen könne, den die Geschichte des armen Mönchs, falls er sie ihr erzählt haben sollte, bei ihr hinterlassen haben mußte.

Der gute alte Mönch war nur etwa sechs Schritt von uns entfernt, als mir der Gedanke an ihn durch den Kopf fuhr. Er näherte sich ein wenig von der Seite, als sei er unsicher, ob er uns ansprechen solle oder nicht. – Sobald er jedoch herangekommen war, blieb er mit der größten Freimütigkeit stehn und hielt mir seine hornene Schnupftabaksdose offen hin.
»Probieren Sie meinen!« sagte ich, zog meine Dose hervor (es war eine kleine schildpattene) und gab sie ihm in die Hand.
»Der ist ganz ausgezeichnet«, sagte der Mönch.
»Dann tun Sie mir den Gefallen«, erwiderte ich, »und behalten Sie die Dose samt Inhalt; und wenn Sie eine Prise daraus nehmen, so erinnern Sie sich gelegentlich daran, daß sie die Friedensgabe eines Mannes ist, der Sie einmal unfreundlich behandelte, wenn auch sein Herz keinen Anteil daran hatte.«
Der arme Mönch wurde purpurrot. »Mon Dieu!« sagte er und preßte die Hände zusammen, »Sie haben mich niemals unfreundlich behandelt.«
»Ich würde ihm auch nicht zutraun«, sagte die Dame, »daß er das getan hat.«
Jetzt errötete ich meinerseits, aber aus welchen Gründen, das zu analysieren überlasse ich den wenigen Leuten mit Gefühl.
»Entschuldigen Sie, Madame«, versetzte ich, »ich habe ihn höchst unfreundlich behandelt, und sogar ohne jede Veranlassung.«
»Das ist unmöglich«, sagte die Dame.
»Mein Gott!« rief der Mönch mit einer Wärme der Beteuerung die ihm sonst nicht eigen zu sein schien, »die Schuld lag bei mir und meinem aufdringlichen Eifer.«

Tony Johannot.

Die Dame widersprach, und ich schloß mich ihr an, indem ich behauptete, ein so ausgeglichener Mensch wie er könne unmöglich irgend jemand beleidigen.
Ich wußte bis dahin noch nicht, daß ein Streit zu einem so süßen und angenehmen Nervenkitzel werden kann, wie ich ihn damals empfand. – Eine Weile verharrten wir in Schweigen, aber ganz und gar ohne das Gefühl jener komischen Beklemmung, das entsteht, wenn man in einem solchen Kreise einander zehn Minuten lang ohne ein Wort zu sagen ins Gesicht starrt. In dieser Pause rieb der Mönch die Horndose am Ärmel seiner Kutte, und als sie durchs Reiben einen matten Glanz angenommen hatte, verbeugte er sich tief und sagte, es sei zu spät, um beurteilen zu können, ob wir durch Schwachheit oder durch Gutartigkeit unseres Temperaments in diesen Streit verwickelt worden wären; – aber wie dem auch gewesen sein möge, er bat, wir möchten doch die Dosen miteinander austauschen. – Indem er das sagte, reichte er mir mit der einen Hand die seine, während er mit der anderen die meine an sich nahm, sie küßte, mit einem Strom von Gutmütigkeit in den Augen in seine Brusttasche steckte – und sich verabschiedete.
Ich hütete diese Dose wie die Kleinodien meiner Religion: nämlich als Ansporn für meinen Verstand, nach Höherem zu streben. In der Tat gehe ich selten ohne sie aus, und manches liebe Mal habe ich schon durch sie den geläuterten Geist ihres Besitzers heraufbeschworen, um meinen eigenen im Getümmel der Welt wieder auf die rechte Bahn zu lenken. Weltliche Angelegenheiten hatten auch ihn voll beschäftigt, wie ich aus seiner Geschichte erfuhr, bis etwa zu seinem fünfundvierzigsten Lebensjahr, wo er in Ungnade aus dem Militärdienst entlassen wurde und gleichzeitig eine Enttäuschung in der zartesten aller Leidenschaften erlebte; daraufhin gab er das Schwert und das schöne Geschlecht

zugleich auf und suchte Zuflucht nicht so sehr in seinem Kloster als vielmehr bei sich selbst.

Mein Gemüt verdüstert sich, wenn ich jetzt hinzufüge, daß ich erfuhr, als ich auf der Rückreise durch Calais nach Pater Lorenzo fragte, er sei schon fast drei Monate tot und nicht in seinem Kloster, sondern seinem Wunsch entsprechend auf einem kleinen dazugehörigen Friedhof ungefähr zwei Meilen davon entfernt begraben worden. Ich spürte großes Verlangen, den Ort zu sehen, wo er zur letzten Ruhe gebettet lag – und als ich an seinem Grabe saß, seine kleine Horndose hervorholte und ein oder zwei Nesseln ausrupfte, die kein Recht hatten, an seinem Kopfende zu wachsen, da erregte das alles mein Mitgefühl so sehr, daß ich in einen Strom von Tränen ausbrach. – Doch ich bin weichherzig wie ein Weib, und ich bitte die Welt, nicht zu lächeln, sondern mich zu bedauern.

DIE TÜR DES WAGENSCHUPPENS
CALAIS

Die ganze Zeit über hatte ich die Hand der Dame nicht losgelassen; ich hatte sie so lange gehalten, daß es unschicklich gewesen wäre, sie freizugeben, ohne sie vorher an meine Lippen zu drücken; – und als ich es tat, kehrten Blut und Lebensgeister, die vorher von ihr gewichen waren, wieder zurück.

Nun gingen in diesem kritischen Moment zufällig die beiden Reisenden vorüber, die mich im Fuhrpark angesprochen hatten, und da sie uns so vertraut beieinander fanden, bildeten sie sich natürlich ein, wir müßten zumindest Mann und Frau sein. Als sie bis an die Tür des Wagenschuppens gekommen waren, blieben sie stehn, und der eine von ihnen, der

Neugierige Reisende, fragte uns, ob wir am nächsten Morgen nach Paris weiterreisen wollten. – Ich könne das nur von mir selbst sagen, antwortete ich, und die Dame fügte hinzu, sie reise nach Amiens.

»Dort haben wir gestern zu Mittag gespeist«, sagte der Simple Reisende.

»Der Weg nach Paris führt direkt durch die Stadt«, ergänzte der andere.

Ich war schon im Begriff, mich tausendmal für den Gemeinplatz zu bedanken, daß der Weg nach Paris über Amiens führt, aber als ich die kleine Horndose des armen Mönchs hervorholte, um eine Prise Schnupftabak zu nehmen, verbeugte ich mich nur stumm und wünschte ihnen eine gute Überfahrt nach Dover. – Und sie ließen uns wieder allein.

»Was könnte es denn schon schaden«, sagte ich zu mir selbst, »wenn ich diese von Kummer gequälte Dame darum bäte, die Hälfte meines Wagens anzunehmen, und welche größeren Nachteile könnten sich daraus ergeben?«

Jede niedrige Leidenschaft und jeder schlechte Charakterzug meiner Natur geriet in Alarmzustand, als ich mir diesen Vorschlag machte.

»Das würde dich nötigen, ein drittes Pferd zu nehmen«, sagte der Geiz, »und deine Tasche um zwanzig Franken erleichtern.«

»Du weißt nicht, wer sie ist«, sagte die Vorsicht; – »oder in was für Schwierigkeiten dich die Geschichte bringen kann«, flüsterte die Feigheit.

»Verlaß dich drauf, Yorick«, sagte die Besonnenheit, »die Leute werden sagen, du seist mit einer Maitresse durchgebrannt und auf Verabredung zu diesem Zwecke nach Calais gekommen.«

»Und hinterher«, schrie laut die Heuchelei, »wirst du nie mehr der Welt offen ins Auge sehn können« – »und erst recht

nicht«, sagte die Gemeinheit, »als Geistlicher Karriere machen« – »noch wirst du es dabei weiterbringen«, sagte der Ehrgeiz, »als bis zu einem armseligen Pfründner.«
»Aber es ist ein Akt der Höflichkeit«, sagte ich, und da ich gewöhnlich auf den ersten Antrieb hin handle und deshalb selten auf diese üblen Ratschläge höre, von denen ich nicht weiß, wozu sie gut sein sollten, außer um das Herz zu verhärten, wandte ich mich augenblicklich der Dame zu.
Doch sie hatte sich unbemerkt entfernt, während ich mit mir rang, und war schon zehn oder zwölf Schritte die Straße hinabgegangen, ehe ich zu meinem Entschluß kam. Ich ging ihr also mit langen Schritten nach, um ihr meinen Vorschlag mit der größten rhetorischen Kunst, die ich aufbieten konnte, zu unterbreiten.
Sie ging mit zögernden, kurzen Schritten davon, gedankenvoll die Wange halb auf die Hand gestützt, den Blick auf den Boden geheftet. Es fuhr mir durch den Kopf, sie müsse wohl über das gleiche Problem nachdenken wie ich.
»Gott steh ihr bei!« sagte ich, »sicher muß sie, genau wie ich, erst eine Schwiegermutter oder eine tartuffische Tante oder eine unvernünftige Matrone darüber befragen.« Ich wollte sie in ihrer Verlegenheit durchaus nicht stören und hielt es für galanter, sie eher durch Zurückhaltung als durch Überrumpelung zu gewinnen – so machte ich also kehrt und ging ein paarmal vor der Tür des Wagenschuppens auf und ab, während sie sich langsam nach der Seite entfernte.

AUF DER STRASSE
CALAIS

Nachdem ich beim ersten Anblick der Dame zu der Überzeugung gelangt war, daß sie besseren Kreisen entstammen müsse, und nachdem ich als zweites Axiom ebenso unumstößlich wie das erste festgelegt hatte, daß sie Witwe sei und der Kummer ihr ins Gesicht geschrieben stünde, gab ich mich zufrieden, hatte ich doch genug festen Boden unter den Füßen, um eine Situation zu meistern, an der ich Gefallen fand. – Und wäre sie bis Mitternacht dicht an meiner Seite geblieben, ich hätte treu an meiner Überzeugung festgehalten und sie einzig unter diesem allgemeinen Gesichtspunkt betrachtet.

Sie war kaum zwanzig Schritt von mir entfernt, als etwas in meinem Innern nach einer genaueren Auskunft über sie verlangte. Der Gedanke an eine Trennung tauchte auf: – vielleicht würde ich sie nie wiedersehn. Das Herz aber möchte bewahren, was es zu bewahren vermag; – und so suchte ich nach verborgenen Spuren, auf denen meine Wünsche den Weg zu ihr finden konnten, falls ich selbst nie wieder mit ihr zusammentreffen sollte. Kurzum, ich wünschte, ihren Namen, den ihrer Familie und ihren Stand zu erfahren; – und da ich einmal wußte, wohin sie weiterreiste, so wollte ich nun auch wissen, woher sie kam. Doch diese Informationen waren auf keine Weise zu erlangen: hundert zarte Hemmungen standen dem im Wege. Ich schmiedete zwanzig verschiedene Pläne; – es ging doch nicht an, sie unumwunden danach zu fragen, das war unmöglich.

Ein kleiner, munterer französischer Hauptmann, der die Straße herabgetänzelt kam, zeigte mir jedoch, daß es die einfachste Sache von der Welt war. Er tauchte zwischen uns auf,

gerade als die Dame zur Tür des Wagenschuppens zurückkehrte, machte sich mit mir bekannt und bat mich, noch ehe er seinen Namen ganz ausgesprochen hatte, ich möchte ihm doch die Ehre erweisen, ihn der Dame vorzustellen.

Ich war ihr aber selbst nicht vorgestellt worden; – und so wandte er sich an sie und tat es eben selbst, indem er sie fragte, ob sie von Paris käme. – Nein, sie führe dahin, sagte sie. »Vous n'êtes pas de Londres?« – Das sei sie nicht, erwiderte sie. »Dann müssen Madame durch Flandern gekommen sein. – Apparemment vous êtes Flamande?« sagte der französische Hauptmann. – Die Dame bejahte es. – »Peut-être de Lille?« fügte er hinzu. – Sie antwortete, sie stamme nicht aus Lille. – »Auch nicht aus Arras? – oder Cambrai? – oder Gent? – oder Brüssel?« – Sie sagte, sie sei aus Brüssel.

Er habe die Ehre gehabt, sagte er, an der Beschießung der Stadt im letzten Krieg teilzunehmen; – sie sei schön gelegen, pour cela, und voller Adliger gewesen, als die Kaiserlichen von den Franzosen aus der Stadt geworfen wurden (die Dame machte einen leichten Knicks). – Hierauf gab er ihr einen Bericht von dem Feldzug und seinem eigenen Anteil daran, bat sich die Ehre aus, ihren Namen erfahren zu dürfen – und verabschiedete sich mit einer Verbeugung.

»Et Madame a son mari?« sagte er, sich noch einmal umdrehend, nachdem er schon ein paar Schritte gegangen war – und ohne eine Antwort abzuwarten, tänzelte er die Straße hinab.

Selbst wenn ich sieben Jahre lang bei einem Weltmann in die Lehre gegangen wäre, hätte ich nicht so viel zu erreichen vermocht.

DER WAGENSCHUPPEN
CALAIS

Als uns der kleine französische Hauptmann verließ, kam Monsieur Dessein mit dem Schuppenschlüssel in der Hand zurück und ließ uns ohne Umschweife in sein Wagenmagazin ein.

Das erste, was mir ins Auge fiel, als Monsieur Dessein die Tür des Schuppens öffnete, war eine andre alte, im Verfall begriffene Desobligeante. Obwohl sie das genaue Ebenbild von der war, die mir vor kaum einer Stunde im Fuhrpark so gut gefallen hatte, so erregte jetzt allein ihr Anblick ein unangenehmes Gefühl in meinem Inneren. Muß das ein alberner Pinsel gewesen sein, dachte ich, der zuerst auf den Gedanken kam, so einen Wagen zu bauen; – für einen Menschen, der auch nur daran denken konnte, ihn zu benutzen, hatte ich nicht viel mehr übrig.

Ich bemerkte, daß die Dame ebensowenig erbaut davon war wie ich. Monsieur Dessein führte uns darum zu zwei anderen Wagen, die dicht nebeneinanderstanden, und erzählte uns zur Empfehlung, Lord A. und Lord B. hätten sie für die grand tour gekauft; – die Wagen seien jedoch nicht über Paris hinausgekommen und in jeder Hinsicht so gut wie neu. – Sie waren zu gut; – und darum ging ich zu einem dritten, der dahinter stand und begann sogleich, um den Preis zu feilschen.

»Aber da ist ja kaum Platz für zwei«, sagte ich, indem ich die Tür öffnete und hineinstieg.

»Haben Sie die Güte, Madame, mit einzusteigen!« sagte Monsieur Dessein, der ihr seinen Arm als Stütze bot.

Die Dame zögerte einen Augenblick und stieg ein. In diesem Moment wurde Monsieur Dessein vom Hausknecht, der ihn zu sprechen wünschte, weggerufen; er schlug die Wagentür zu und ließ uns allein.

DIE TÜR DES WAGENSCHUPPENS
CALAIS

»C'est bien comique – das ist sehr drollig«, sagte die Dame und lächelte bei dem Gedanken, daß wir nun schon zum zweiten Male durch die Verkettung sonderbarer Zufälle miteinander allein gelassen wurden – »C'est bien comique«, sagte sie.

»Um es wirklich komisch zu machen«, erwiderte ich, »fehlt freilich nichts als die komische Art und Weise, in der die Galanterie eines Franzosen die Situation benutzen würde: – nämlich sogleich im ersten Augenblick seine Liebe zu erklären und im zweiten sich selbst feilzubieten.«

»Darin liegt ihre Stärke«, antwortete die Dame.

»Man nimmt das wenigstens immer an; – und wie es dazu kommen konnte«, fuhr ich fort, »ist mir rätselhaft: aber sie haben tatsächlich den Ruf, mehr von der Liebe zu verstehn und sie besser zu handhaben als irgendeine andere Nation in der Welt; – doch ich für meinen Teil halte sie nur für eingebildete Stümper und wahrhaftig für die schlechtesten Schützen, die je Cupidos Geduld auf die Probe stellten.«

»Wie kann man nur auf die Idee kommen, seine Liebe durch Gefühle ausdrücken zu wollen!«

»Eher würde ich's mir einfallen lassen, einen vornehmen Anzug aus alten Flickresten herzustellen; – und so mit der Tür ins Haus zu fallen – einen Heiratsantrag zu machen – auf den ersten Blick und durch eine formelle Erklärung – das heißt doch, den Antrag und sich selbst dazu einem völlig nüchternen Verstand zur Prüfung mit allem Für und Wider zu unterwerfen.«

Die Dame hörte aufmerksam zu, als erwarte sie, daß ich fortführe.

»Bedenken Sie, Madame«, sprach ich weiter und legte meine Hand auf die ihre,

»ernsthafte Leute hassen die Liebe schon ihres Namens wegen –

selbstsüchtige Leute hassen sie ihrer eigenen Person wegen –

Heuchler des Himmels wegen –

und wir alle, alt und jung, werden allein durch den Klang des Wortes zehnmal mehr erschreckt als verletzt ...

Welchen Mangel an Kenntnissen in dieser Branche verrät doch ein Mann, der jemals dieses Wort eher über seine Lippen kommen läßt als mindestens ein bis zwei Stunden nach dem Zeitpunkt, zu dem sein Schweigen darüber zur Qual wird! Eine Reihe von kleinen, still erwiesenen Aufmerksamkeiten – nicht so deutlich, daß sie beunruhigen, aber auch nicht so unbestimmt, daß man sie mißverstehen könnte – dann und wann ein freundlicher Blick, dabei nur wenig oder gar nichts gesprochen – das läßt noch die Natur über uns herrschen, und die lenkt das Spiel dann nach ihrer Weise.«

»Dann erkläre ich feierlichst«, sagte die Dame, »haben Sie mir die ganze Zeit über Liebeserklärungen gemacht.«

DER WAGENSCHUPPEN
CALAIS

Monsieur Dessein kam zurück, um uns aus dem Wagen zu befreien und der Dame mitzuteilen, der Graf von L., ihr Bruder, sei gerade im Hotel abgestiegen. Obgleich ich der

Dame alles erdenkliche Gute wünschte, muß ich doch sagen, daß mein Herz über dieses Ereignis nicht gerade in Entzükken geriet – und ich konnte nicht umhin, sie das wissen zu lassen –; »denn es vereitelt einen Vorschlag, Madame«, sagte ich, »den ich Ihnen soeben machen wollte.«
»Sie brauchen mir nicht zu sagen, was das für ein Vorschlag war«, sagte sie, indem sie ihre Hand auf die meine legte und mich unterbrach. »Ein Mann, mein Herr, macht selten einer Frau ein Angebot, ohne daß sie es schon kurz vorher ahnt.«
»Die Natur hat sie«, sagte ich, »zu ihrem unmittelbaren Schutz mit dieser Fähigkeit ausgerüstet.«
»Aber ich glaube«, sagte sie und sah mir ins Gesicht, »ich brauchte nichts Schlimmes zu befürchten; – und um es Ihnen offen zu sagen: ich war entschlossen, Ihren Vorschlag anzunehmen. – Hätte ich es getan« – sie hielt einen Augenblick inne – »ich glaube, Ihr Wohlwollen würde mir eine Geschichte entlockt haben, nach der Ihr Mitleid mit mir zur einzigen Gefahr auf der Reise geworden wäre.«
Während sie dies sagte, duldete sie, daß ich zweimal ihre Hand küßte. Mit einem Blick, der warme Empfindung und Kummer zugleich enthielt, stieg sie aus dem Wagen – und verabschiedete sich.

AUF DER STRASSE
CALAIS

Nie in meinem Leben habe ich einen Kauf im Werte von zwölf Guineen so rasch abgeschlossen. Nach dem Verlust der Dame lastete die Zeit schwer auf mir; und da ich wußte, jeder Augenblick bis zu meiner Abreise würde mir wie zwei erscheinen, bestellte ich sogleich Postpferde und ging ins Hotel.

»Mein Gott!« rief ich, als ich die Turmuhr vier schlagen hörte und mir dabei einfiel, daß ich mich erst wenig mehr als eine einzige Stunde in Calais aufhielt. –

Welche Fülle von Abenteuern kann in dieser kurzen Zeitspanne jemand erleben, dessen Herz an allem Anteil nimmt, der Augen hat zu sehen, was Zeit und Gelegenheit ihm fortwährend darbieten, während er des Weges zieht, und der nichts verschmäht, worauf er mit Anstand die Hand legen kann!

Wenn bei dem einen nichts herausspringt – dann eben bei einem anderen; – das tut nichts zur Sache – es ist eine Probe auf die menschliche Natur; – die eigne Mühe ist mein Lohn, das ist genug. – Die Freude an diesen Experimenten hielt stets meine Sinne und die wertvolleren Teile meines Blutes wach und schläferte die schlechten ein.

Ich bedaure den Mann, der von Dan nach Bersaba reisen und dabei ausrufen kann: »'s ist alles öd und leer!« Zwar ist es wirklich so, aber die ganze Welt ist ja öd und leer für den, der ihre Früchte nicht zu genießen versteht.

»Ich erkläre hiermit«, sagte ich und klatschte freudig in die Hände, »wäre ich in einer Wüste, ich fände etwas, das mein Mitgefühl erregte; – und wenn sich nichts Besseres böte, so richtete ich es auf eine liebliche Myrte, oder ich suchte eine melancholische Zypresse auf und beschäftigte mich mit ihr; – ich umwürbe ihren Schatten und grüßte sie freundlich um des Schutzes willen, den sie gewähren; – ich schnitt meinen Namen in ihre Rinde und schwüre, sie wären die schönsten Bäume der ganzen Wüste; – wenn ihre Blätter welk herabhingen, so lernte ich trauern; – und wenn sie im vollen Safte grünten, freute ich mich mit ihnen.«

Der gelehrte Smelfungus reiste von Boulogne nach Paris – von Paris nach Rom – und so immer weiter; – aber er litt am Spleen und an der Gelbsucht, als er seine Reise begann, und folglich war alles, was er sah, verfärbt und verzerrt. – Er schrieb einen Bericht darüber, allein es war nur der Bericht über seine eigenen erbärmlichen Gefühle.

Ich traf Smelfungus in der großartigen Säulenhalle des Pantheon: – er kam gerade heraus. »Es ist weiter nichts als ein riesengroßer Hahnenkampfplatz*«, sagte er. »Ich wünschte, Sie hätten nichts Schlimmeres von der Venus di Medici gesagt«, erwiderte ich; – denn auf der Durchreise durch Florenz war mir zu Ohren gekommen, er habe die Göttin beschimpft und ihr schlimmere Namen gegeben als einer gewöhnlichen Straßendirne, und das ohne den geringsten natürlichen Anlaß.

Zufällig stieß ich in Turin wieder auf Smelfungus, der sich auf der Heimreise befand. Eine traurige Geschichte kummervoller Abenteuer hatte er zu berichten – »wobei er von ergreifenden Unfällen zu Wasser und zu Lande sprach und von den Kannibalen, die sich gegenseitig auffressen – den Anthropophagen«. – Man hatte ihm bei lebendigem Leibe ein Stück Haut abgezogen und ihn auf jeder Station, die er passierte, teuflisch geschunden und übler zugerichtet als den heiligen Bartholomäus.

»Ich werde es der Welt berichten!« rief Smelfungus.

– »Berichten Sie es lieber Ihrem Arzte«, sagte ich.

Mundungus, der ein ungeheures Vermögen besitzt, machte die große Tour. Er reiste von Rom nach Neapel – von Neapel nach Venedig – von Venedig nach Wien – nach Dresden – nach Berlin und konnte nicht einmal von einer einzigen edlen Bekanntschaft oder ergötzlichen Situation erzählen; denn er war stur geradeaus gefahren, ohne nach rechts oder links zu schaun, damit weder Liebe noch Mitleid ihn verlocken sollten, von seinem Wege abzuweichen.

Friede sei mit ihnen! – falls sie ihn finden können; – denn

* siehe 'Reisen des Smelfungus'

selbst der Himmel – wenn es möglich wäre, mit solchen Grillen hineinzukommen – hätte nichts aufzuweisen, ihn zu verleihn. Alle seligen Geister kämen auf den Flügeln der Liebe und jubelten bei ihrer Ankunft. Die Seelen des Smelfungus und Mundungus hörten nichts anderes als immer neue Freudenhymnen, neue Liebesergüsse und neue Glückwünsche zu ihrer gemeinsamen Seligkeit. – Ich bedauere sie von Herzen, denn sie haben kein Verständnis dafür mitgebracht; und wenn Smelfungus und Mundungus den herrlichsten Wohnsitz im Himmel zugewiesen erhielten, sie wären doch so weit von jeder Glückseligkeit entfernt, daß sich ihre Seelen bis in alle Ewigkeit wie an einem Ort der Buße vorkämen.

MONTREUIL

Einmal hatte ich mein Gepäck hinten vom Wagen verloren, und zweimal war ich im Regen ausgestiegen – das eine Mal bis zu den Knien im Schmutz –, um dem Postillion zu helfen, es wieder festzubinden, ohne aber dabei zu bemerken, was mir eigentlich fehlte. – Erst als ich bis nach Montreuil gekommen war und der Wirt mich fragte, ob ich nicht einen Diener brauche, fiel mir ein, daß das gerade das richtige war. »Einen Diener? Ja, den brauche ich dringend«, sagte ich. »Nun, Monsieur«, sagte der Wirt, »da ist ein tüchtiger junger Bursche, der stolz auf die Ehre sein würde, einem Engländer zu dienen.«
»Aber warum einem Engländer lieber als einem anderen?«
»Sie sind so freigebig«, entgegnete der Wirt.
Ich will mich erschießen lassen, sagte ich mir, wenn mich das nicht noch heute abend einen Franken mehr aus meiner Tasche kostet.

»Doch sie können es sich leisten«, setzte er hinzu.
Wieder einen Franken mehr, tönte es in meinem Inneren.
»Es war erst gestern abend«, fuhr der Wirt fort, »qu'un Milord Anglais présentait un écu à la fille de chambre.« –
»Tant pis pour Mademoiselle Jeanneton«, erwiderte ich. Da nun Jeanneton die Tochter des Wirts war und er mich für einen Anfänger im Französischen hielt, erlaubte er sich, mich dahingehend aufzuklären, ich hätte nicht tant pis, sondern tant mieux sagen müssen. »Tant mieux, toujours, Monsieur«, sagte er, »wenn es etwas zu verdienen gibt – tant pis, wenn nicht.« –
»Das läuft auf dasselbe hinaus«, sagte ich.
»Pardonnez-moi«, sagte der Wirt.
Ich kann keine passendere Gelegenheit finden, als hier ein für allemal klarzustellen, daß tant pis und tant mieux die zwei großen Angelpunkte der französischen Konversation sind. Ein Fremder täte gut daran, sich in ihrem Gebrauch tüchtig zu üben, ehe er nach Paris kommt.
Ein zungenfertiger französischer Marquis fragte einmal an der Tafel unseres Gesandten den Herrn H., ob er H., der Dichter sei. »Nein«, sagte Herr H. freundlich. – »Tant pis«, erwiderte der Marquis.
»Es ist H., der Historiker«, sagte ein anderer. »Tant mieux«, sagte der Marquis. – Und Herr H., ein Mann von vortrefflichem Herzen, dankte verbindlich für beides.
Nachdem mir der Wirt die Sache erklärt hatte, rief er La Fleur herein – so hieß der junge Mann, von dem er sprach – und teilte mir vorher noch mit, er wolle sich nicht unterfangen, mir etwas über dessen Fähigkeiten zu sagen; – Monsieur wüßten doch selbst am besten, was er suche; – doch für die Treue La Fleurs stehe er mit seinem gesamten Besitze ein. Der Wirt sagte dies auf eine Art, die mich augenblicklich zu dem Geschäft, das ich im Sinne hatte, entschlossen machte:

– und La Fleur, der draußen in der atemlosen Spannung wartete, die jeder von uns Erdensöhnen bei der entsprechenden Gelegenheit verspürt, trat herein.

MONTREUIL

Ich bin geneigt, allen möglichen Leuten schon beim ersten Anblick zugetan zu sein, aber niemals mehr, als wenn ein armer Teufel kommt, um einem so armen Teufel wie mir seine Dienste anzubieten; und da ich diese Schwäche kenne, ziehe ich auf Grund dieser Tatsache von meinem Urteil von vornherein immer etwas ab – und zwar mehr oder weniger, je nach der Stimmung, in der ich bin, oder dem Fall, um den es sich handelt – und ich darf hinzufügen, dem Geschlecht der Person, über die ich gebieten soll.
Als La Fleur das Zimmer betrat, entschieden – nach allem Abzug, den ich auf Grund meiner seelischen Dispositionen machen konnte – der offene Blick und die treuherzige Miene des Burschen die Sache sogleich zu seinen Gunsten; – so mietete ich ihn zuerst – und begann danach, mich zu erkundigen, was er denn alles könne. »Aber ich werde ja seine Fähigkeiten entdecken, wenn ich sie brauche«, sagte ich, »außerdem kann ein Franzose alles.«
Nun, der arme La Fleur konnte nichts in der Welt als die Trommel rühren und einen oder zwei Märsche auf der Querpfeife blasen, doch ich beschloß, mich mit seinen Fähigkeiten zu begnügen: und ich kann nicht sagen, daß meine Schwachheit jemals so von meiner Klugheit verhöhnt worden wäre wie bei diesem Versuch.
La Fleur hatte früh im Leben begonnen – tapfer wie die meisten Franzosen sind – ein paar Jahre bei der Armee zu dienen. Nach Ablauf derselben, als er seine Neigung befrie-

digt und obendrein herausgefunden hatte, daß die Ehre des Trommelrührens offenbar ihren Lohn in sich selbst trug, da sie ihm keinen weiteren Weg zum Ruhm öffnete, zog er sich zurück à ses terres und lebte comme il plaisait à Dieu, – das heißt: von nichts.

»So hast du einen Trommler gemietet«, ließ sich die Klugheit vernehmen, »als Begleiter auf deiner Reise durch Frankreich und Italien!«

»Pah!« sagte ich, »macht nicht die Hälfte unseres Landadels dieselbe Tour mit einer Schlafmütze als compagnon du voyage, und müssen die nicht den Pfeifer und den Teufel und alle anderen noch dazu bezahlen?«

Wenn sich jemand bei einem so ungleichen Handel mit einer Spitzfindigkeit aus der Schlinge ziehen kann, so kommt er gut dabei weg.

»Aber, La Fleur, du kannst doch noch etwas andres?« fragte ich.

»O qu'oui!« – er konnte Gamaschen machen und ein bißchen Geige spielen.

»Bravo!« sagte die Klugheit.

»Ich spiele selber Baß«, sagte ich, »da werden wir gut zusammen passen. Du kannst doch rasieren und eine Perücke zurechtstutzen, La Fleur?« – Er war ein Allerweltskerl.

»Das reicht für den Himmel«, unterbrach ich ihn, »und sollte also auch für mich genügen.«

Als das Abendessen aufgetragen wurde, saß neben mir ein munterer englischer Spaniel auf der einen Seite und auf der anderen ein französischer Diener mit so viel Heiterkeit im Gesicht, wie die Natur nur je in eins malte; – ich war aus vollem Herzen zufrieden mit meinem kleinen Reiche; und wenn die Monarchen auch so genau wüßten, woran sie eigentlich sind, so könnten sie ebenso glücklich und zufrieden sein wie ich.

Da mich La Fleur auf der ganzen Reise durch Frankreich und Italien begleitete und er hier noch oft eine Rolle spielen wird, muß ich beim Leser etwas mehr Interesse für ihn wecken durch die Feststellung, daß ich niemals weniger Grund hatte, mich über die Triebkräfte zu beklagen, die meine Handlungen gemeinhin bestimmen, als gerade in bezug auf diesen Burschen: – er war eine so treue, ergebene, natürliche Seele wie nur jemals den Fußstapfen eines Philosophen folgte; und ungeachtet seiner Fähigkeiten – die Trommel zu schlagen und Gamaschen anzufertigen –, die zwar an sich sehr gut, aber zufällig ohne großen Nutzen für mich waren, wurde ich doch stündlich durch die Fröhlichkeit seines Wesens entschädigt; – sie wog alle Mängel auf: seine Blicke boten mir steten Trost in allen meinen Nöten und Bedrängnissen – (fast hätte ich hinzugefügt: und den seinigen auch); doch La Fleur war außer Reichweite für jedes Ungemach; denn ob es Hunger oder Durst, Kälte oder Blöße, Nachtwachen oder sonst irgendeine Strähne von Mißgeschick waren, die La Fleur auf unserer Reise begegneten, in seinem Gesicht spiegelte sich keinerlei Zeichen, das darauf hingedeutet hätte – er blieb immer derselbe; und wenn ich doch ein bißchen Philosoph bin – und Satan setzt mir das ab und zu in den Kopf –, so kränkt es jedesmal den Stolz dieser Einbildung, wenn ich daran denke, wieviel ich der Ausdrucksphilosophie dieses armen Burschen verdanke, der mich durch Beschämung besserte. Bei alledem haftete La Fleur ein Zug von Geckenhaftigkeit an; – doch auf den ersten Blick schien er mehr ein Geck von Natur als von künstlicher Mache zu sein, und noch ehe ich mit ihm drei Tage in Paris war, kam er mir gar nicht mehr wie ein Geck vor.

Am nächsten Morgen trat La Fleur seinen Dienst an. Ich übergab ihm den Schlüssel zu meinem Gepäck samt einem Verzeichnis von meinem halben Dutzend Hemden und der seidenen Hose und trug ihm auf, alles in den Wagen zu packen, die Pferde anspannen zu lassen und den Wirt zu bitten, die Rechnung zu bringen.

»C'est un garçon de bonne fortune«, sagte der Wirt und wies durch das Fenster auf ein halbes Dutzend Mädchen, die sich um La Fleur versammelt hatten und auf die rührendste Weise Abschied von ihm nahmen, während der Postillion die Pferde herausführte. La Fleur küßte allen der Reihe nach immer wieder von neuem die Hand, trocknete sich dreimal die Augen und versprach dreimal, er wolle ihnen Ablaßbriefe aus Rom mitbringen.

»Der junge Bursche«, sagte der Wirt, »ist in der ganzen Stadt beliebt. Es gibt kaum einen Winkel in Montreuil, wo man seine Abwesenheit nicht spüren wird. Er hat nur einen einzigen Fehler«, fuhr er fort, »er ist immer verliebt.«

»Das freut mich von Herzen«, erwiderte ich, »es wird mir die Mühe sparen, jeden Abend meine Hose unters Kopfkissen zu legen.«

Damit hielt ich nicht so sehr eine Lobrede auf La Fleur als vielmehr auf mich selbst, da ich fast mein ganzes Leben lang in diese oder jene Prinzessin verliebt war; und ich hoffe, daß das bis an mein seliges Ende so bleibt; denn ich bin fest überzeugt, wenn ich jemals eine schlechte Handlung begehe, so kann das nur in der Zeit zwischen der einen und der darauffolgenden Leidenschaft geschehen: – solange das Interregnum andauert, fühle ich mein Herz verschlossen – und kaum finde ich genug Mitleid darin, einem Elenden einen

Groschen zu schenken: und darum versuche ich immer, so rasch wie möglich herauszukommen. Sobald ich dann wieder in Flammen stehe, bin ich die Freigebigkeit und das Wohlwollen selber und würde alles in der Welt für oder mit irgend jemand tun, wenn man mir nur versicherte, es sei keine Sünde.

Aber indem ich das sage, preise ich sicher die Leidenschaft – nicht mich.

EIN FRAGMENT

Abdera war die sündhafteste und liederlichste Stadt in ganz Thrazien, obwohl Demokrit dort lebte und versuchte, sie mit der vollen Kraft der Ironie und des Lachens auf den rechten Weg zurückzuführen. Vergiftungen, Verschwörungen und Meuchelmorde – Verleumdungen, Schmähungen und Tumulte waren so zahlreich, daß sich selbst am hellichten Tage niemand mehr sicher fühlen konnte – nachts war es noch schlimmer.

Als sich nun die Lage aufs höchste zugespitzt hatte, geschah es, daß die ›Andromeda‹ des Euripides in Abdera aufgeführt wurde. Die Zuhörer waren entzückt, doch von allen Stellen, die ihnen gefielen, wirkte keine mehr auf ihr Gemüt als das zarte Stück Natur, das der Dichter in die pathetische Rede des Perseus gewoben hat: »O Amor, Herr der Götter und der Menschen, usw.«. Am folgenden Tage sprach fast jedermann in reinen Jamben und redete von nichts anderem als des Perseus pathetischer Rede. »O Amor, Herr der Götter und der Menschen!« hörte man in allen Straßen Abderas, in jedem Hause; – »O Amor! Amor!« scholl es aus jedem Munde wie die natürlichen Töne einer süßen Melodie, die ihm entquellen, ob er es nun will oder nicht; – nichts als »Amor, Amor, Herr

der Götter und der Menschen!« – Das Feuer griff um sich, und gleichsam wie das Herz eines einzigen Menschen öffnete sich die ganze Stadt der Liebe.
Kein Arzneikrämer konnte auch nur noch ein Körnchen Nieswurz verkaufen; – kein einziger Waffenschmied hatte mehr das Herz, eine Mordwaffe herzustellen; – Freundschaft und Tugend fielen einander in die Arme und küßten sich auf offener Straße; – das goldne Zeitalter kehrte zurück und schwebte über Abdera; – jeder Abderit ergriff seine Haferpfeife, und jede Abderitin verließ ihre purpurne Webarbeit, setzte sich züchtig nieder und lauschte dem Gesang.
»Das zu erreichen«, so steht im Fragment, »lag allein in der Macht Gottes, dessen Reich sich erstrecket vom Himmel bis zur Erde und sogar bis in die Tiefen des Meeres.«

MONTREUIL

Wenn in einem Gasthaus alles fertig und jeder Posten der Rechnung umfeilscht und bezahlt ist, gibt es – falls man dadurch nicht etwas verdrießlich gestimmt ist – immer noch etwas an der Tür zu begleichen, ehe man in seine Kutsche steigen kann, nämlich mit den Söhnen und Töchtern der Armut, die einen umringen. Sage niemand: »Mögen sie zum Teufel gehn!« – das hieße, ein paar Unglückliche auf eine schreckliche Reise schicken; sie haben ohnehin genug gelitten. Ich halte es immer für besser, ein paar Sous in der Hand bereitzuhalten, und ich möchte jedem gutherzigen Reisenden raten, es auch so zu machen; er braucht dabei die Motive, aus denen er spendet, nicht so genau festzulegen: – sie werden anderen Orts verbucht.
Was mich anbelangt, so gibt wohl kein Mensch so wenig wie ich, denn nicht viele meiner Bekannten haben so wenig zu

geben: aber da dies die erste öffentliche Handlung meiner Wohlgefälligkeit in Frankreich war, richtete ich um so mehr Aufmerksamkeit darauf.
»O je! Ich habe ja nur acht Sous«, rief ich und zeigte sie ihnen in meiner Hand, »und hier stehn acht arme Männer und acht arme Frauen.«
Ein armer zerlumpter Mensch, ohne Hemd auf dem Leib, zog sogleich seinen Anspruch zurück, indem er sich zwei Schritt aus dem Kreis entfernte und seinerseits eine abwehrende Verbeugung machte. Hätte ein ganzes Parkett wie mit einer Stimme ausgerufen: »Place aux dames!«, das Gefühl der Hochachtung vor dem schwachen Geschlecht wäre dadurch nicht halb so wirksam ausgedrückt worden.
Gerechter Gott! Aus welch weisen Gründen hast du es so eingerichtet, daß Bettelarmut und Höflichkeit, die in anderen Ländern so weit auseinanderliegen, hier einen Weg zur Verbindung miteinander finden sollten?
Ich bestand darauf, ihm einen Sou zu schenken, allein auf Grund seiner Großmut.
Ein armer, kleiner, zwergenhafter, lebendiger Bursche, der mir in dem Kreise gegenüberstand, klemmte zunächst etwas unter den Arm, was früher einmal ein Hut gewesen war, holte dann seine Schnupftabaksdose aus der Tasche und bot freigebig nach beiden Seiten hin eine Prise an: doch das war ein zu wertvolles Geschenk, und darum wurde es bescheiden zurückgewiesen. – Der arme kleine Bursche nötigte sie mit einem einladenden Kopfnicken: »Prenez-en – prenez!« sagte er und schaute in eine andere Richtung; so nahmen sie doch alle eine Prise.
»Wie schade, wenn es der Dose je an Inhalt fehlte«, sagte ich zu mir selbst; so legte ich ein paar Sous hinein und nahm gleichzeitig eine kleine Prise daraus, um ihren Wert zu vergrößern. – Er fühlte das Gewicht der zweiten Geste mehr als

das der ersten – sie war für ihn eine Ehre, die andere nur eine mildtätige Gabe; – und er machte mir eine Verbeugung dafür fast bis zum Erdboden.
»Hier!« sagte ich zu einem alten einarmigen Soldaten, der im Kriegsdienst durch eine Reihe von Feldzügen beinahe zu Tode geschunden worden war, »hier sind ein paar Sous für dich.«
»Vive le Roi!« rief der alte Soldat.
Jetzt hatte ich nur noch drei Sous übrig. Einen gab ich ganz einfach pour l'amour de Dieu, denn aus diesem Grunde wurde er begehrt: die arme Frau hatte eine verrenkte Hüfte, und so konnte es nicht gut aus einem anderen Grunde sein.
»Mon cher et très charitable Monsieur!« – »Dagegen ist kein Kraut gewachsen«, sagte ich.
»Milord Anglais!« – Allein schon der Klang war Geldes wert; – und so verschenkte ich meinen letzten Sou. Doch im Eifer des Gebens hatte ich einen armen Buckligen übersehn, für den niemand einen Sou bettelte und der, glaube ich, lieber umgekommen wäre, als daß er es übers Herz gebracht hätte, für sich selber zu bitten. Er stand etwas außerhalb des Kreises neben der Kutsche und wischte sich eine Träne von einem Gesicht, das, wie mir schien, bessere Tage gesehen hatte.
»Du lieber Gott!« sagte ich, »und ich habe nicht einen einzigen Sou übrig für ihn.«
»Tausend hast du!« schrien alle erwachenden Naturkräfte in meinem Inneren. Und so gab ich ihm – ganz gleich was. – Jetzt schäme ich mich zu sagen wieviel – und schämte mich damals bei dem Gedanken wie wenig. Wenn sich der Leser irgendeine Vorstellung von meiner Freigebigkeit machen kann, nachdem ihm diese beiden Anhaltspunkte gegeben sind, wird er vielleicht bis auf ein oder zwei Franken die genaue Summe erraten.
Für die übrigen konnte ich mir weiter nichts zu geben leisten

als ein Dieu vous bénisse. – »Et le bon Dieu vous bénisse encore«, sagte der alte Soldat, der Zwerg, und so weiter. Der arme Bucklige brachte kein Wort hervor; – er zog ein kleines Taschentuch heraus und trocknete sich damit die Augen, während er sich abwandte; – und ich glaube, er dankte mir mehr als alle anderen.

DAS POSTPFERD

Nachdem ich diese Kleinigkeiten alle erledigt hatte, stieg ich leichter in die Postkutsche als ich je in meinem Leben in eine Postkutsche gestiegen bin, und nachdem La Fleur den einen seiner großen Kürassierstiefel auf die rechte und den andern auf die linke Seite eines kleinen Postpferds gebracht hatte, galoppierte er so glücklich und kerzengerade vor mir her wie ein Prinz.

Doch was ist Glück! Was ist Größe auf dieser gemalten Bühne des Lebens! –Noch ehe wir eine Meile zurückgelegt hatten, brachte ein toter Esel La Fleurs Ritt zu einem plötzlichen Ende: – sein Pferd wollte einfach nicht daran vorbei. – Die beiden gerieten darüber in Streit, und der arme Bursche wurde schon beim ersten Ausschlagen aus seinen Kürassierstiefeln geworfen.

La Fleur trug seinen Sturz wie ein französischer Christ. Er sagte nicht mehr und nicht weniger als »Diable!«, raffte sich sogleich auf, kam wieder auf sein Pferd zu sitzen und schlug darauf ein, als wäre es seine Trommel.

Das Pferd sprang von einer Seite auf die andere und dann wieder zurück, dann hierhin, dann dorthin, kurzum überallhin, nur nicht an dem toten Esel vorbei: – doch La Fleur bestand darauf, – und das Pferd warf ihn ab.

»Was ist denn mit deinem Pferde los, La Fleur?« fragte ich.

»Monsieur«, sagte er, »c'est un cheval le plus opinatre du monde.«
»Na ja, wenn es eine so störrische Bestie ist, muß es eben seinen eigenen Weg gehen«, erwiderte ich.
La Fleur stieg ab und versetzte ihm einen handfesten Schlag. Das Pferd nahm mich beim Wort und trabte nach Montreuil zurück. –
»Peste!« sagte La Fleur.
Es wird nicht unangebracht sein, hier darauf hinzuweisen – obgleich La Fleur sich bei diesem Zwischenfall nur zweier verschiedener Ausrufe bediente – nämlich Diable! und Peste!–, daß es nichtsdestoweniger drei in der französischen Sprache gibt – ähnlich Positiv, Komparativ und Superlativ–, von denen man den einen oder anderen bei jedem unerwarteten Wurf im Würfelspiel des Lebens anwendet.
»Le Diable!«, der erste und positive Grad, wird allgemein bei den gewöhnlichen Gemütsbewegungen verwandt, wenn kleine Dinge unserer Erwartung entgegen ausfallen – wie zum Beispiel wenn man einen Pasch wirft – oder bei La Fleurs Sturz vom Pferde, und so weiter. Bei Hahnreischaft heißt es aus demselben Grunde auch stets »Le Diable!«
Jedoch in Fällen, denen etwas Provozierendes anhaftet, wie zum Beispiel als das Pferd hinterher davonlief und La Fleur in Kürassierstiefeln zu Fuß zurückließ, wird der zweite Grad gebraucht.
Es heißt dann »Peste!«
Und der dritte –
Doch hier wird mein Herz von Erbarmen und Mitgefühl gerührt, wenn ich mir vorstelle, wie elend das Los und wie bitter die Leiden eines so kultivierten Volkes gewesen sein müssen, um es zum Gebrauch eines solchen Ausdrucks zu zwingen.
Laßt mich, o ihr Mächte, die ihr im Unglück der Zunge Bered-

samkeit verleiht, laßt mich nur anständige Wörter gebrauchen, was mir auch begegnen möge, und ich will meiner Natur freien Lauf lassen.
Aber da mir solche Wörter in Frankreich nicht zur Verfügung standen, beschloß ich, jeden Schicksalsschlag hinzunehmen, wie er mich eben traf, ohne irgendeinen Ausruf. La Fleur, der keine solche Abmachung mit sich selbst getroffen hatte, folgte dem Pferd mit den Augen, bis es außer Sicht kam – und dann stellt euch vor, wenn es euch beliebt, mit welchem Wort er den ganzen Vorfall abschloß.
Da man einem scheuen Pferd nicht in Kürassierstiefeln nachlaufen kann, blieb keine andere Möglichkeit, als La Fleur entweder hinten auf die Kutsche steigen zu heißen oder ihn mit hereinzunehmen.
Ich zog letzteres vor, und eine halbe Stunde später hielten wir vor dem Posthaus zu Nampont.

DER TOTE ESEL
NAMPONT

»Und das«, sagte er und steckte den Rest einer Brotrinde in seinen Reisesack, »und das wäre deine Ration gewesen« sagte er, »wenn du noch lebtest und mit mir teilen könntest.« Dem Tone nach hielt ich das für eine Anrufung seines toten Kindes, sie galt jedoch seinem Esel, demselben Esel, den wir tot auf der Straße liegen sahen und der La Fleurs Mißgeschick verursachte. Der Mann schien seinen Verlust sehr zu beklagen; und das erinnerte mich augenblicklich an Sanchos Klagen um den seinen; – aber er klagte mit einem größeren Anflug von Natürlichkeit.
Der Trauernde saß auf einer Steinbank neben der Tür, Sattelkissen und Zaumzeug des Esels neben sich, das er von

Zeit zu Zeit aufnahm und dann wieder hinlegte, ansah und den Kopf schüttelte. Dann nahm er die Brotkruste wieder aus seinem Reisesack, als wolle er sie essen, hielt sie einige Zeit in der Hand – und legte sie dann auf das Gebiß des Zaumzeugs, sah gedankenvoll auf das kleine Symbol, das er aufgebaut hatte – und stieß einen tiefen Seufzer aus.

Die Einfalt seines Kummers zog eine Anzahl Menschen an. Auch La Fleur gesellte sich zu ihnen, während die Pferde gewechselt wurden. Da ich in der Postkutsche sitzengeblieben war, konnte ich über ihre Köpfe hinwegsehn und zuhören.

Er sagte, er käme gerade aus Spanien, wohin er von den fernsten Grenzen Frankens gewandert war. Auf der Rückreise sei er nun bis hierher gekommen, als sein Esel starb. Jeder schien begierig zu erfahren, welche Geschäfte einen so alten und armen Mann auf eine so weite Reise von zu Hause fortgetrieben haben könnten.

Es gefiel dem Himmel, so erzählte er, ihn mit drei Söhnen zu segnen, die tüchtigsten Burschen in ganz Deutschland; aber als innerhalb einer Woche die beiden älteren an den Pocken starben und dieselbe Krankheit auch noch den jüngsten befiel, fürchtete er, sie alle zu verlieren. So gelobte er, falls ihm der Himmel nicht auch noch den dritten nähme, aus Dankbarkeit nach St. Jago in Spanien zu pilgern.

Als der Trauernde seine Geschichte so weit erzählt hatte, hielt er inne, um der Natur seinen Tribut zu zollen – und weinte bitterlich.

Er sagte, der Himmel habe seine Bedingung angenommen, und er sei von seiner Hütte mit diesem Tier losgezogen, das sich als geduldiger Reisepartner erwiesen habe. Auf dem ganzen Wege habe es dasselbe Brot mit ihm gegessen und sei ihm ein Freund gewesen.

Alle Versammelten hörten dem armen Alten mit Anteil-

nahme zu. – La Fleur bot ihm Geld an. – Der Trauernde sagte, er wolle es nicht annehmen – es ginge ihm nicht um den Wert des Esels, sondern um den Verlust. Er sei sicher, sagte er, der Esel habe ihn lieb gehabt; und darauf erzählte er ihnen eine lange Geschichte, wie ein unglücklicher Zufall beim Übergang über die Pyrenäen sie drei Tage voneinander trennte. In dieser Zeit habe der Esel ihn ebensosehr wie er den Esel gesucht, und beide hätten kaum Speise und Trank zu sich genommen bis zu ihrer glücklichen Wiedervereinigung.
»Einen Trost hast du wenigstens, mein Freund«, sagte ich, »beim Verlust deines armen Tieres: – ich bin sicher, du bist ihm ein gütiger Herr gewesen.« – »Ach!« sagte der Trauernde, »das dachte ich auch, als er noch lebte, aber jetzt, da er tot ist, denke ich anders. Ich glaube, meine eigene Last und die meines Kummers dazu ist zu viel für ihn gewesen, – sie hat die Tage der armen Kreatur verkürzt, und ich fürchte, ich werde mich einst dafür verantworten müssen.« –
»Schande über die Welt!« sagte ich mir, »wenn wir einander nur so liebten wie dieser arme Teufel seinen Esel liebte, – das wäre etwas!« –

DER POSTILLION
NAMPONT

Die traurige Stimmung, in die mich die Geschichte des armen Mannes versetzte, hätte einiger Rücksichtnahme bedurft: doch der Postillion zollte ihr nicht die geringste, sondern jagte in vollem Galopp über das Kopfpflaster dahin.
Die durstigste Seele in der sandigsten Wüste Arabiens hätte nicht sehnlicher nach einem Trunk frischen Wassers verlangen können als die meine nach einer gemessenen, ruhigen Bewegung; und ich hätte eine hohe Meinung vom Postillion

gehabt, wenn er nur mit mir in so etwas wie einem nachdenklichen Schritt davongefahren wäre. – Ganz im Gegenteil: als der Trauernde sein Klagelied beendet hatte, versetzte er jedem Pferd einen gefühllosen Peitschenhieb und ratterte los wie tausend Teufel.

Ich rief ihm aus Leibeskräften zu, er solle doch langsamer fahren, doch je lauter ich schrie, desto unbarmherziger galoppierte er drauflos. – »Der Teufel hole ihn und seinen Galopp dazu«, sagte ich, »er fällt mir so lange auf die Nerven, bis er mich in hellen Zorn gebracht hat – und dann wird er schon langsam fahren, damit ich die süßen Früchte des Zorns genießen kann.«

Dem Postillion gelang dieses Kunststück in wunderbarer Weise: als er zum Fuße eines steilen Hügels etwa eineinhalb Meilen hinter Nampont gekommen war, hatte er erreicht, daß ich mich zuerst über ihn ärgerte – und dann über mich selbst, weil ich überhaupt ärgerlich geworden war.

Meine Stimmung erforderte jetzt eine ganz andere Behandlung, und ein scharfer, ratternder Galopp wäre mir sehr dienlich gewesen.

»Ich bitt' Euch, fahrt zu – fahrt zu, mein lieber Schwager«, sagte ich.

Der Postillion wies auf den Hügel. – Da versuchte ich, zu der Geschichte von dem armen Deutschen zurückzukehren, aber ich hatte den Faden verloren und konnte ihn ebensowenig wiederfinden wie der Postillion den Trab.

»Zum Henker!« rief ich, »hier sitze ich nun, aufrichtig gewillt, das Schlimmste zum Guten zu kehren wie nur sonst irgend jemand, und alles geht schief.«

Es gibt wenigstens ein süßes Beruhigungsmittel bei übler Laune, das uns die Natur bietet; ich empfing es dankbar aus ihren Händen: ich schlief ein; – und das erste Wort, das mich weckte, war – Amiens.

»Himmel!« rief ich und rieb mir die Augen, »das ist ja die Stadt, in die meine arme Dame kommt.«

AMIENS

Kaum waren die Worte aus meinem Munde, als die Kutsche des Grafen von L. mit seiner Schwester darin eilig vorüberfuhr. Sie hatte gerade Zeit, mir zum Zeichen des Wiedererkennens zuzunicken; – und sie tat das in einer Weise, die mir verriet, sie betrachte unsere Bekanntschaft noch nicht als beendet.

Ihr Blick hielt, was er versprach; denn noch ehe ich mit dem Abendessen fertig war, kam der Diener ihres Bruders mit einem Briefchen herein, in dem sie sagte, sie habe sich erlaubt, mir einen Brief zu übergeben, den ich an meinem ersten freien Morgen in Paris eigenhändig einer Madame R. aushändigen solle. Sie fügte hinzu, es täte ihr leid – sie verschwieg aus welchem Grunde –, daß sie daran gehindert worden wäre, mir ihre Geschichte zu erzählen. Sie schulde sie mir aber noch, und wenn mich mein Weg jemals nach Brüssel führen sollte und ich bis dahin den Namen Madame de L.s nicht vergessen hätte, so würde Madame de L. sehr erfreut sein, sich ihrer Verpflichtung entledigen zu können.

»Dann werde ich dich in Brüssel wiedersehn, schöne Seele!« sagte ich. »Ich brauche ja nur bei meiner Rückkehr aus Italien den Weg durch Deutschland nach Holland und über Flandern nach Hause zu nehmen. Das ist ein Umweg von kaum zehn Poststationen; und wären es zehntausend! – mit welchem moralischen Entzücken wird es meine Reise krönen, Anteil an den traurigen Vorfällen einer leidvollen Geschichte zu nehmen, die von solch einer Dulderin erzählt wird. Sie weinen zu sehn! – Und wenn ich auch den Springquell ihrer Tränen nicht zum Versiegen bringen kann, welch erhabenes Gefühl bleibt es doch, sie von den Wangen der ersten und schönsten Frau zu wischen und mit dem Taschentuch in der Hand die ganze Nacht stumm neben ihr zu sitzen!«

Es ist nichts Anstößiges bei diesem Gefühl; und dennoch tadelte ich seinetwegen augenblicklich mein Herz in den bittersten und vorwurfsvollsten Worten.

Wie ich dem Leser schon mitteilte, war es eine der besonderen Segensgaben meines Lebens, fast jede Stunde in irgend jemand sterblich verliebt zu sein; und da meine letzte Flamme zufällig an einer plötzlichen Straßenbiegung durch einen Windstoß von Eifersucht ausgeblasen worden war, hatte ich sie erst vor ungefähr drei Monaten an der reinen Kerze Elisas wieder von neuem entzündet und in der Tat geschworen, sie während der ganzen Reise brennen zu lassen.

Warum sollte ich es verheimlichen? Ich hatte ihr ewige Treue geschworen; – sie hatte ein Recht auf mein Herz: – meine Zuneigung teilen, hieße sie verringern; – sie offen zeigen, hieße sie aufs Spiel setzen; wo Wagnis ist, kann Verlust eintreten; – und was könntest du, Yorick, einem Herzen antworten, das so voller Vertrauen und Zuversicht ist – so gut, so edel und so makellos!

»Ich werde nicht nach Brüssel fahren«, antwortete ich, mich selbst unterbrechend, aber meine Phantasie wanderte weiter; – ich erinnerte mich an ihren Blick im kritischen Moment unserer Trennung, als keiner die Kraft fand, Adieu zu sagen! Ich betrachtete das Bildchen, das sie mir an einem schwarzen Band um den Hals gehängt hatte – und ich errötete, als ich es ansah. – Ich hätte eine Welt darum gegeben, es küssen zu dürfen – doch ich schämte mich. »Soll denn diese zarte Blume«, sagte ich und drückte es fest zwischen meine Hände, »erbarmungslos geknickt werden – und geknickt von dir,

Yorick, der du versprochen hast, sie an deiner Brust zu bewahren?«
»Ewiger Quell des Glücks!« sagte ich und kniete nieder, »sei du mein Zeuge, und jede reine Seele, die davon trinkt, sei ebenso mein Zeuge, daß ich nicht nach Brüssel reise, wenn Elisa nicht mit mir kommt, auch wenn mich dieser Weg in den Himmel führte.«
In Verzückungen dieser Art wird das Herz dem Verstand zum Trotz immer zuviel sagen.

DER BRIEF
AMIENS

Fortuna war La Fleur nicht hold; denn alle seine Rittertaten waren ohne Erfolg geblieben, und in den fast vierundzwanzig Stunden, die er nun in meinem Dienste stand, hatte sich nicht eine einzige Situation ergeben, bei der er seinen Diensteifer zeigen konnte. Der arme Kerl brannte vor Ungeduld, und als der Diener des Grafen von L. mit dem Briefe kam, war das praktisch die erste Gelegenheit, die sich bot. La Fleur ergriff sie natürlich beim Schopfe, und um seinem Herrn Ehre zu machen, führte er den Diener ins Hinterzimmer des Gasthofs, wo er ihm ein oder zwei Glas vom besten Wein der Pikardie vorsetzte. Als Gegenleistung und um La Fleur an Höflichkeit nicht nachzustehen, nahm der Diener des Grafen von L. ihn seinerseits mit in das Hotel des Grafen. La Fleurs gewinnendes Wesen (sein bloßer Blick diente als Empfehlungsschreiben) machte ihm bald das ganze Küchenpersonal gewogen; und da ein Franzose keine Hemmungen hat, seine Talente zu zeigen, worin sie auch bestehen mögen, so zog La Fleur in weniger als fünf Minuten seine Querpfeife hervor und brachte, mit dem ersten Takt selbst den Tanz beginnend,

das Kammermädchen, den Wirt, den Koch, die Spülmagd, kurz das ganze Hauspersonal – Hunde und Katzen und einen alten Affen nicht ausgenommen – zum Tanzen. Ich glaube, seit der Sintflut hat es keine so lustige Küche gegeben. Als Madame de L. von den Zimmern ihres Bruders nach ihrem eigenen ging und den fröhlichen Lärm unten hörte, klingelte sie ihrer Kammerzofe, um sie nach den Ursachen zu fragen, und als sie erfuhr, es sei der Diener des englischen Gentleman, der mit seiner Querpfeife das ganze Haus in Stimmung gebracht habe, befahl sie ihn herauf.
Der arme Bursche glaubte, er könne sich nicht mit leeren Händen vorstellen, und so belud er sich, während er die Treppe hinaufging, im Namen seines Herrn mit tausend Komplimenten für Madame de L., fügte eine lange Reihe erdichteter Anfragen nach Madame de L.s Gesundheit hinzu – erzählte ihr, sein Herr möchte gern wissen, ob sie sich von den Strapazen der Reise gut erholt habe, und eröffnete ihr zum Schluß, Monsieur habe den Brief erhalten, mit dem ihn Madame beehrte. »Und er hat mir die Ehre erwiesen«, sagte Madame de L. und unterbrach La Fleur, »mir eine Antwort zu senden?«
Madame de L. hatte das in einem solchen Ton des Vertrauens auf die Tatsache gesagt, daß La Fleur es nicht fertigbrachte, ihre Erwartungen zu enttäuschen; – er zitterte für meine Ehre und war möglicherweise nicht völlig unbesorgt um seine eigene, als sei er fähig, bei einem Herrn zu dienen, der es an Achtung gegenüber einer Dame fehlen läßt; und als daher Madame de L. La Fleur fragte, ob er einen Brief mitgebracht habe, antwortete er: »O qu'oui!« Er legte seinen Hut auf den Fußboden, ergriff mit der Linken die Klappe seiner rechten Rocktasche und begann mit der Rechten den Brief zu suchen: – dann umgekehrt auf der anderen Seite. – »Diable!« – dann durchsuchte er sämtliche Taschen, eine nach der

anderen, und vergaß selbst das Uhrtäschchen nicht. »Peste!« – dann leerte La Fleur sie alle auf dem Fußboden aus, zog eine schmutzige Krawatte, ein Taschentuch, einen Kamm, eine Peitschenschnur und eine Nachtmütze hervor und warf einen Blick in seinen Hut. »Quelle étourderie!« Er habe den Brief auf dem Tisch im Gasthaus liegengelassen, er wolle ihn rasch holen und in drei Minuten wieder zurück sein.

Ich war gerade mit dem Abendessen fertig, als La Fleur hereinkam, um mir einen Bericht von seinem Abenteuer zu geben. Er erzählte mir die Geschichte einfach so wie sie war und fügte nur hinzu, wenn Monsieur (par hazard) vergessen haben sollte, den Brief der Dame zu beantworten, so sei ihm jetzt Gelegenheit gegeben, den Fauxpas wiedergutzumachen; – sonst bliebe eben alles beim alten.

Nun war ich allerdings nicht ganz sicher, ob ich ihr nach den Regeln des Anstands schreiben sollte oder nicht; wenn ja – selbst der Teufel hätte kaum böse sein können, es war nur der Diensteifer eines wohlmeinenden, um meine Ehre besorgten Geschöpfs; und mochte er immerhin einen Mißgriff getan oder mich durch sein Tun in Verlegenheit gebracht haben: – sein Herz war frei von Schuld – ich war nicht gezwungen zu schreiben; – und was noch schwerer wiegt – er sah nicht aus, als habe er etwas Unrechtes getan.

»Das ist alles ganz schön und gut, La Fleur«, sagte ich. – Das war genug. La Fleur flog wie der Blitz aus dem Zimmer und kam mit Feder, Tinte und Papier in der Hand zurück, trat an den Tisch heran und legte alles dicht vor mich hin; dabei spiegelte sich in seinem Gesicht solches Entzücken, daß ich nicht umhin konnte, die Feder zu ergreifen.

Ich begann – und begann von neuem; und obwohl ich nichts zu sagen wußte und dieses Nichts in einem halben Dutzend Zeilen hätte ausgedrückt werden können, entwarf ich ein halbes Dutzend verschiedene Anfänge und konnte es mir mit

Piaud

keinem recht machen. Kurzum, ich war nicht in der richtigen Stimmung zum Schreiben.

La Fleur ging hinaus und brachte in einem Glase etwas Wasser, um mir die Tinte zu verdünnen – dann holte er Sand und Siegellack. – Es blieb immer dasselbe: ich schrieb, löschte, riß ab, verbrannte und schrieb wieder. – »Hol's der Teufel!« brummte ich vor mich hin, »ich kann diesen Brief nicht schreiben«, und warf verzweifelt die Feder auf den Fußboden.

Sobald ich die Feder weggeworfen hatte, näherte sich La Fleur in der respektvollsten Haltung dem Tisch, brachte tausend Entschuldigungen vor für die Freiheit, die er sich nähme, und sagte mir, er besitze einen Brief, den ein Trommler seines Regiments an die Frau eines Korporals geschrieben habe und der, wie er zu behaupten wage, unter den gegebenen Umständen ganz gut passe.

Ich hatte gute Lust, dem armen Burschen seinen Willen zu lassen. »Dann«, sagte ich, »zeig ihn her.«

Sogleich zog La Fleur ein kleines schmutziges Taschenbuch hervor, vollgepfropft mit Zetteln und Liebesbriefen, in einem traurigen Zustand, und legte es auf den Tisch. Er knotete den Strick auf, der alles zusammenhielt, und blätterte es der Reihe nach durch, bis er zu dem fraglichen Briefe kam. – »La voilà!« rief er und klatschte in die Hände, faltete ihn auseinander, legte ihn mir dann hin und trat drei Schritt vom Tisch zurück, während ich ihn las.

Madame,
Ich bin erschüttert von heftigsten Schmerzen und gleichzeitig verzweifelt über die unvorhergesehene Rückkehr des Korporals, die unser Zusammentreffen heute abend zur unmöglichsten Sache von der Welt macht.
Aber es lebe die Freude! und meine einzige wird sein, an Sie zu denken.
Liebe ist nichts ohne Gefühle.
Und Gefühle sind noch weniger ohne Liebe.
Man sagt, man dürfe niemals verzweifeln.
Man sagt auch, daß der Korporal am Mittwoch auf Wache zieht: dann bin ich an der Reihe.
Einmal kommt die Reihe an jeden.
In Erwartung – es lebe die Liebe! und es lebe der kleine Unterschied!

Ich verbleibe, Madame,
mit den untertänigsten und zärtlichsten Gefühlen
ganz der Ihre
Jaques Roque.

Ich brauchte nur »Korporal« in »Graf« umzuändern und nichts von Mittwoch auf Wache ziehen zu sagen, und der Brief war weder gut noch schlecht. Um nun dem armen Burschen, der um meine, seine eigene und die Ehre seines Briefes bangte, einen Gefallen zu tun, schöpfte ich den Rahm sauber davon ab, richtete ihn auf meine eigene Weise zu, versiegelte ihn und schickte La Fleur damit zu Madame de L.; und am nächsten Morgen setzten wir unsere Reise nach Paris fort.

Wenn ein Mann mit einer Equipage auftrumpfen und mit einem halben Dutzend Lakaien und ein paar Köchen auf alle anderen Eindruck machen kann, so paßt er sehr gut in eine Stadt wie Paris, ganz gleich, in welche Straße er einbiegt. Ein armer Prinz, dessen Kavallerie schwach ist und dessen ganze Infanterie die Stärke von einem Mann nicht überschreitet, täte besser daran, das Feld zu räumen und sich im Kabinett hervorzutun, falls er so hoch hinaufgelangen kann – ich sage hinaufgelangen, denn man kann nicht senkrecht zu ihm herabsteigen mit einem »Me voici, mes enfants!« – hier bin ich –, wenn das manche Leute vielleicht auch zu denken vermögen.

Ich gebe zu, nachdem ich in meinem Hotelzimmer einsam und allein zurückgelassen wurde, waren meine ersten Empfindungen weit weniger schmeichelhaft als ich sie mir vorgestellt hatte. Ich schritt gelassen in meinem staubigen schwarzen Rock zum Fenster, schaute durch die Scheiben und sah, wie die ganze Welt, angetan in Gelb, Blau und Grün, dem Vergnügen nachjagte. – Die Alten mit zerbrochenen Lanzen und Helmen, denen die Visiere fehlten – die Jungen in glänzender Rüstung, die wie Gold leuchtete, angeputzt mit allen möglichen bunten Federn des Orients – alle – alle stürzten sich aufs Vergnügen wie begeisterte Ritter in den alten Turnierspielen auf Ruhm und Minne.

»Ach, armer Yorick!« rief ich aus, »was willst du hier anfangen? Bei der ersten Berührung mit diesem glitzernden Getümmel bist du zu einem Atom geschrumpft. Suche – suche dir eine sich dahinschlängelnde Allee mit einem Drehkreuz am Ende, auf der noch nie eine Kutsche rollte oder eine Fackel ihre Strahlen aussandte; dort kannst du im trauten Gespräch

mit irgendeiner gutherzigen Grisette von Barbiersfrau deine Seele erquicken und ähnliche Abenteuer erleben.«
»Lieber sterben!« sagte ich und zog den Brief heraus, den ich Madame de R. übergeben sollte. »Ich will dieser Dame meine Aufwartung machen, das ist das erste, was ich tue.«
So trug ich La Fleur auf, mir auf der Stelle einen Barbier zu suchen und dann zurückzukehren und meinen Rock auszubürsten.

DIE PERÜCKE
PARIS

Als der Barbier kam, weigerte er sich entschieden, irgend etwas mit einer Perücke zu tun haben zu wollen: sie war entweder über oder unter seiner Kunst. Mir blieb weiter nichts übrig als eine fertige nach seiner eigenen Empfehlung zu nehmen.
»Aber ich fürchte, mein Freund, daß diese Locke nicht hält.«
»Sie können sie vom Ozean überfluten lassen«, erwiderte er, »und sie wird halten.«
Von welch großem Ausmaß sind doch alle Dinge in dieser Stadt, dachte ich. Die äußerste Reichweite der Vorstellung eines englischen Perückenmachers hätte nicht weiter gehen können als »in einen Wassereimer tauchen«. Welcher Unterschied! – es ist wie Zeit und Ewigkeit!
Ich gestehe, ich hasse alle nüchternen Begriffe ebenso wie die kleinlichen Ideen, die sie hervorbringen; und ich bin meist so ergriffen von den großen Werken der Natur, daß ich meinerseits – wenn ich könnte – nie etwas Geringeres als wenigstens einen Berg zu einem Vergleich heranzöge. Alles was sich in dem Beispiel gegen die französische Erhabenheit sagen läßt, ist dies: – das Großartige liegt mehr im Wort und

weniger in der Sache. Ohne Zweifel erfüllt die Vorstellung vom Ozean die Phantasie mit gigantischen Ideen; doch da Paris so weit im Lande liegt, war es nicht wahrscheinlich, daß ich postwendend hundert Meilen hinauslief, um den Versuch auszuprobieren: – der Pariser Barbier meinte es nicht ernst. Der Wassereimer gibt neben der Meerestiefe gewiß eine traurige Figur ab; und doch, so wird man zugeben müssen, hat er einen Vorzug: er steht im Nebenzimmer, und die Qualität der Locke kann darin im Handumdrehn ohne weitere Umstände erprobt werden.

Ehrlich gesagt und bei unparteiischer Prüfung der Sache: der französische Ausdruck verspricht mehr als er hält.

Mir scheint, ich kann die genauen Unterscheidungsmerkmale des Nationalcharakters in diesen absurden Kleinigkeiten deutlicher erkennen als in den wichtigsten Staatsgeschäften, bei denen die großen Männer aller Nationen in so ähnlicher Weise handeln und wandeln; – ich gäbe keinen Sechser dafür, einen von ihnen auswählen zu dürfen.

Ich befand mich so lange unter den Händen meines Barbiers, daß es zu spät wurde, noch diesen Abend mit meinem Brief zu Madame de R. zu gehen. Wenn ein Mann jedoch einmal vollständig zum Ausgehen angezogen ist, haben seine Überlegungen nur wenig Gewicht; so prägte ich mir den Namen des Hotels 'De Modène' ein, wo ich wohnte, und ging ohne bestimmtes Ziel aus dem Haus.

»Ich werde mir das unterwegs überlegen«, sagte ich.

Seid gepriesen, ihr kleinen süßen Aufmerksamkeiten des Lebens, denn ihr macht seinen Lauf angenehm; ihr öffnet – gleich Anmut und Schönheit, die auf den ersten Blick Liebe erzeugen – alle Tore und laßt den Fremden ein. »Bitte, Madame«, sagte ich, »haben Sie die Güte, mir zu sagen, wie ich am besten zur Opéra Comique komme.«
»Sehr gern, Monsieur«, erwiderte sie und legte ihre Handarbeit weg.
Auf meinem Spaziergang hatte ich einen Blick in ein halbes Dutzend Läden geworfen auf der Suche nach einem Gesicht, das aller Wahrscheinlichkeit nach durch eine solche Unterbrechung nicht allzusehr gestört würde, bis endlich dieses meiner Erwartung entsprach und ich eingetreten war.
Sie saß auf einem niedrigen Sessel im Innern des Ladens gegenüber der Tür und arbeitete gerade an einem Paar Ärmelkrausen.
»Très volontiers!« – sehr gern, sagte sie und legte ihre Arbeit auf den neben ihr stehenden Stuhl. Sie stand mit einer so freudigen Bewegung und einem so freudigen Blick von ihrem niedrigen Sessel auf, in dem sie saß – und hätte ich gleich fünfzig Louisdors für sie hingegeben, ich hätte gesagt: »Die Frau ist dankbar.«
»Sie müssen, Monsieur«, sagte sie, indem sie mit mir bis zur Ladentür ging und mir den Weg die Straße hinunter zeigte, die ich zu gehen hatte, »Sie müssen zuerst nach links abbiegen – mais prenez garde –, es gibt da zwei Straßen, gehen Sie bitte die zweite – dann laufen Sie ein kleines Stückchen, bis Sie eine Kirche sehen, und wenn Sie daran vorbei sind, so bemühen Sie sich gleich nach rechts, und Sie kommen zur

Pont Neuf, die Sie überqueren müssen, und dort wird Ihnen dann jeder mit Vergnügen den Weg zeigen.«
Sie wiederholte mir ihre Beschreibung dreimal mit der gleichen gutmütigen Geduld, beim dritten Male wie beim ersten; – und wenn Ton und Manieren etwas bedeuten – was sie sicher tun, außer für Herzen, die sich dafür verschließen –, so schien sie wirklich daran interessiert, daß ich mich nicht verlaufen sollte.
Ich will nicht annehmen, die Schönheit der Frau – obwohl sie die hübscheste Grisette war, die mir, wie ich glaube, jemals begegnet ist – hat viel mit dem zu tun gehabt, was ich bei ihrer Höflichkeit empfand. Ich erinnere mich nur, daß ich ihr tief in die Augen sah, als ich ihr versicherte, wie sehr ich ihr verbunden sei; – und daß ich meine Danksagung so oft wiederholte wie sie ihre Beschreibung.
Ich war noch keine zehn Schritt von der Tür entfernt, da hatte ich auch schon jedes Wort wieder vergessen. Wie ich mich umdrehte und sie noch an der Ladentür stand, als wolle sie sehen, ob ich den richtigen Weg fände oder nicht, kehrte ich noch einamal um und fragte sie, ob ich zuerst nach rechts oder nach links einbiegen müsse, denn das hatte ich völlig vergessen.
»Ist das möglich?« fragte sie halb lachend.
»Das ist sehr wohl möglich«, erwiderte ich, »wenn ein Mann mehr auf die Frau achtet als auf das, was sie sagt.«
Da das die reine Wahrheit war, nahm sie sie hin, wie jede Frau eine Wahrheit hinnimmt: mit einer leichten Verbeugung.
»Attendez!« sagte sie und legte ihre Hand auf meinen Arm, um mich zurückzuhalten, während sie einem Jungen aus der hinteren Ladenstube zurief, ein Paket Handschuhe fertigzumachen. »Ich schicke ihn gerade mit einem Paket in diese Gegend«, sagte sie; »wenn Sie die Güte haben wollen einzu-

treten, es ist in einem Augenblick fertig, und er kann Sie dann dahin begleiten.«

Ich ging also mit ihr in das Innere des Ladens, und da ich die Krause, die sie auf den Stuhl gelegt hatte, in die Hand nahm, als wollte ich mich setzen, ließ sie sich in ihrem tiefen Sessel nieder, und ich nahm sogleich neben ihr Platz.

»Es ist gleich fertig, Monsieur«, sagte sie, »es dauert nur noch einen Augenblick.«

»Und in diesem Augenblick«, versetzte ich, »möchte ich Ihnen so gern für Ihre Gefälligkeit etwas Nettes sagen. Jeder kann gelegentlich ein gutes Werk tun, aber eine Wiederholung der Wohltätigkeit zeigt, daß sie ein Teil des Charakters ist; und gewiß«, fügte ich hinzu, »wenn das Blut vom Herzen kommt, das durch die Glieder fließt« – (hier berührte ich ihr Handgelenk) –, »so bin ich überzeugt, Sie müssen einen der besten Pulse haben, den je eine Frau gehabt hat.«

»Fühlen sie ihn!« sagte sie und hielt mir den Arm hin. So legte ich meinen Hut beiseite, ergriff ihre Hand mit der Linken und legte Zeige- und Mittelfinger meiner Rechten auf ihre Schlagader.

Wollte Gott, mein lieber Eugenius, du wärest vorübergekommen und hättest mich sitzen sehen in meinem schwarzen Rock und meiner schmachtenden Haltung, wie ich die Pulsschläge zählte, einen nach dem andern, mit der gleichen aufrichtigen Hingabe, als beobachte ich die entscheidende Ebbe und Flut ihres Fiebers. Wie hättest du über meinen Beruf gelacht und moralisiert! – Und du hättest immerzu gelacht und moralisiert. – Glaube mir, mein teurer Eugenius, ich hätte geantwortet: »Es gibt schlimmere Beschäftigungen in dieser Welt, als einer Frau den Puls zu fühlen.« – »Aber einer Grisette!« hättest du gesagt, – »und in einem offenen Laden, Yorick!« – »Um so besser: denn wenn meine Absichten ehrlich sind, Eugenius, ist es mir gleichgültig, ob die ganze Welt zusieht, wie ich den Puls fühle.«

DER EHEMANN
PARIS

Ich hatte schon zwanzig Pulsschläge gezählt und näherte mich rasch dem vierzigsten, als ihr Mann unvermutet aus dem Hinterzimmer in den Laden trat und meine Zählung ein wenig in Verwirrung brachte. – Das sei nur ihr Mann, sagte sie, und ich fing von neuem an zu zählen.

»Der Herr ist so freundlich«, sagte sie, als er an uns vorüberging, »und macht sich die Mühe, mir den Puls zu fühlen.«

Der Ehemann zog den Hut, verbeugte sich vor mir und sagte, ich täte ihm zuviel Ehre an. Nachdem er das gesagt hatte, setzte er seinen Hut wieder auf und ging hinaus.

»Großer Gott!« sagte ich mir, als er sich zurückzog, »kann das der Ehemann dieser Frau sein?«

Die wenigen, die wissen, was die Gründe für diesen Ausruf gewesen sein müssen, mögen sich nicht gekränkt fühlen, wenn ich sie denen auseinandersetze, die es nicht wissen.

In London scheinen ein Krämer und eine Krämersfrau ein Fleisch und ein Blut zu sein. In den verschiedensten geistigen und körperlichen Begabungen hat mal der eine und mal der andere den Vorzug, so daß sie im allgemeinen einander ebenbürtig sind und so zueinander passen, wie Mann und Frau eben zueinander passen müssen.

In Paris gibt es kaum zwei verschiedenere Gattungen von Lebewesen; denn da die legislative und exekutive Gewalt im Laden nicht beim Ehemann liegt, kommt er nur selten hin: er sitzt untätig in einem düsteren, elenden Hinterzimmer, eine mit Troddeln verzierte Nachtmütze auf dem Kopf

– noch derselbe rauhe Sohn der Natur, wie ihn die Natur hervorbrachte.
Der Genius eines Volkes, bei dem nichts als die Monarchie salisch ist, hat diese Sphäre nebst verschiedenen anderen gänzlich den Frauen überlassen. Sie haben daher im dauernden Feilschen mit Kunden aller Ränge und Stände vom Morgen bis zum Abend – gleich rauhen Kieseln, die lange zusammen in einem Sack geschüttelt worden sind – durch freundschaftliche Berührung ihre Rauheiten und scharfen Konturen verloren und sind nicht nur rund und glatt geworden, sondern einige von ihnen haben sogar einen brillantgleichen Glanz erhalten. – Der Ehemann ist kaum besser als der Stein, auf den man tritt.
Wahrlich, wahrlich, Mensch, es ist nicht gut, daß du allein seist; du bist für geselligen Verkehr und freundliche Begrüßung geschaffen, und ich rufe die daraus folgende Vervollkommnung unserer Natur hier als Beweis an.
»Und wie schlägt er, Monsieur?« fragte sie.
»Mit aller Gutartigkeit«, sagte ich und sah ihr ruhig in die Augen, »die ich erwartet hatte.«
Sie war gerade im Begriff, etwas Höfliches darauf zu erwidern, als der Junge mit den Handschuhen in den Laden kam. »Apropos«, sagte ich, »ich brauche selbst mehrere Paar.«

DIE HANDSCHUHE
PARIS

Die schöne Grisette erhob sich, als ich das sagte, ging hinter den Ladentisch, reichte ein Paket herunter und band es auf. Ich trat an die andere Seite des Ladentischs, ihr gegenüber. Sie waren alle zu groß. Die schöne Grisette probierte sie an meiner Hand, einen nach dem anderen: es änderte nichts an der Größe. Sie bat mich, ein Paar zu versuchen, das am knappsten zu sein schien. Sie hielt mir einen offen hin: – meine Hand rutschte sofort hinein. »Er paßt nicht«, sagte ich und schüttelte den Kopf ein wenig. »Nein«, sagte sie und schüttelte ebenfalls den Kopf.

Es gibt gewisse komplizierte Blicke von natürlicher Feinheit, in denen Laune, Verstand, Ernst und Scherz so vermischt sind, daß alle Sprachen Babels gleichzeitig losgelassen sie nicht in Worte fassen könnten. Sie werden blitzschnell abgesandt und aufgefangen, und man kann kaum sagen, von welcher Partei sie ausgehn. Ich überlasse es euren Wortgewaltigen, Seiten darüber zu füllen; es genügt hier, nochmals festzustellen: die Handschuhe paßten nicht. Und so verschränkten wir die Arme und lehnten uns nachlässig auf den Ladentisch; er war schmal, und es blieb nur Raum für das Paket zwischen uns.

Die schöne Grisette sah einmal auf die Handschuhe, dann seitwärts zum Fenster, dann auf die Handschuhe – und dann auf mich. Ich war nicht geneigt, das Schweigen zu brechen, und folgte ihrem Beispiel. So blickte ich auf die Handschuhe, dann zum Fenster, dann auf die Handschuhe – und dann auf sie –, und so ging es abwechselnd fort.

Ich merkte, daß ich bei jedem Angriff beträchtlich an Boden verlor: sie hatte lebhafte, schwarze Augen, und ihr Blick schoß mit solcher Eindringlichkeit durch so lange seidige Wimpern, daß er mir bis in Herz und Nieren drang. – Es mag seltsam scheinen, doch ich konnte das wirklich fühlen. »Macht nichts«, sagte ich, nahm mehrere Paar, die mir am nächsten lagen, und steckte sie in die Tasche.

Ich spürte, die schöne Grisette hatte nicht mehr als einen einzigen Franken auf den Preis aufgeschlagen, und ich wünschte, sie hätte noch einen Franken mehr verlangt. Ich zerbrach mir den Kopf, wie sich das erreichen ließe. »Glau-

ben Sie, mein werter Herr«, sagte sie, da sie mein Zögern mißverstand, »ich könnte auch nur einen einzigen Sou zuviel von einem Fremden fordern – und noch dazu von einem Fremden, dessen Höflichkeit mehr als sein Bedarf an Handschuhen mir die Ehre verschaffte, ihn mir völlig in die Hand zu geben? – M'en croyez-vous capable?«
»Ich wahrhaftig nicht!« sagte ich, »und wenn Sie dazu fähig wären, so wäre mir das willkommen.«
Ich zählte ihr das Geld in die Hand und ging mit einer tieferen Verbeugung hinaus als man normalerweise einer Krämersfrau macht; und der Junge mit dem Paket folgte mir.

DIE ÜBERSETZUNG
PARIS

In der Loge, in die man mich führte, saß niemand außer einem freundlichen alten französischen Offizier. Ich liebe diese Art von Leuten, und zwar nicht nur, weil ich den Mann verehre, dessen Sitten durch einen Beruf verfeinert worden sind, der sonst nur schlechte Männer noch schlechter macht, sondern weil ich einmal einen kannte – denn er ist nicht mehr –, und warum sollte ich nicht wenigstens eine Seite dieses Buches vor der Verdammung retten, indem ich seinen Namen draufschreibe und der Welt sage, das war Hauptmann Tobias Shandy, der Teuerste meiner Gemeinde und Freunde, an dessen Menschenfreundlichkeit ich selbst so lange Zeit nach seinem Tode nicht zurückdenken kann, ohne daß mir die Tränen in die Augen traten. Um seinetwillen habe ich eine Vorliebe für das ganze Korps von Veteranen; und so stieg ich über die beiden hinteren Bankreihen und nahm neben ihm Platz.
Der Offizier las mit einer großen Brille aufmerksam in einem

kleinen Heftchen (es mochte das Textbuch zur Oper sein). Als ich mich niedersetzte, nahm er die Brille ab und schob sie in ein Chagrinfutteral, das er samt dem Heftchen in die Tasche steckte. Ich erhob mich leicht und machte ihm eine Verbeugung.

In irgendeine Kultursprache der Welt übersetzt, bedeutet das sinngemäß etwa: »Hier ist ein armer Fremdling in die Loge gekommen; er scheint niemand zu kennen und wird wohl auch niemand kennenlernen, selbst wenn er sieben Jahre in Paris bleibt, falls jeder, dem er sich nähert, seine Brille aufbehält: das heißt nämlich, ihm das Tor zur Unterhaltung ein für allemal vor der Nase zuschlagen und ihn schlechter behandeln als einen Deutschen.«

Der französische Offizier konnte das auch laut sagen; in diesem Falle hätte ich die Verbeugung, die er machte, auch meinerseits ins Französische übersetzt und ihm gesagt: ich empfände seine Aufmerksamkeit sehr wohl und sage ihm tausend Dank dafür.

Kein Geheimnis fördert den Fortschritt des geselligen Verkehrs so sehr wie die Beherrschung dieser Art von Kurzschrift und die Fähigkeit, die verschiedenen Bewegungen der Augen und der Glieder mit all ihren Spielarten und Schattierungen rasch in klare Worte zu übertragen. Ich mache das aus alter Gewohnheit ganz mechanisch, und wenn ich durch die Straßen Londons gehe, so übersetze ich auf dem ganzen Wege. Schon mehr als einmal habe ich hinter einer Gruppe gestanden, in der nicht drei Worte gesprochen wurden, und ich habe zwanzig verschiedene Dialoge davon weggetragen, die ich alle genau niedergeschrieben und beschworen haben könnte.

Eines Abends wollte ich in Mailand zu einem Konzert Martinis gehn und war gerade im Begriff, den Saal zu betreten, als die Marquise von F. eilig herauskam. Sie stand schon fast vor mir, als ich sie erblickte. Rasch sprang ich zur Seite, um sie passieren zu lassen. Sie tat dasselbe und auch nach derselben Seite, so rannten wir mit den Köpfen zusammen. Sogleich wandte sie sich auf die andere Seite, um hinauszugelangen: ich traf es ebenso unglücklich wie sie, denn auch ich trat auf diese Seite und versperrte ihr abermals den Weg. Wir hüpften beide gleichzeitig wieder auf die andere Seite und dann wieder zurück und so fort – es war einfach lächerlich; wir erröteten beide über alle Maßen. Endlich tat ich, was ich gleich zuerst hätte tun sollen: ich stand stockstill, und die Marquise hatte keine Schwierigkeiten mehr. Ich fand nicht die Kraft, in den Saal zu gehn, bevor ich ihr nicht wenigstens soviel Genugtuung gegeben hatte, zu warten und ihr mit den Augen bis ans Ende des Durchgangs zu folgen. Sie sah sich zweimal um und ging beinahe seitwärts, als wolle sie Platz machen für jemand, der die Treppe heraufkam und an ihr vorüber mußte.

»Nein«, sagte ich, »das ist eine elende Auslegung: die Marquise hat ein Recht auf die beste Entschuldigung, die ich vorbringen kann, und sie hält den Raum frei, damit ich es dort tue.«

So lief ich ihr nach und bat um Verzeihung für die Verlegenheit, in die ich sie gebracht hatte, indem ich ihr sagte, es sei meine Absicht gewesen, ihr Platz zu machen. Sie antwortete, dieselbe Absicht habe sie mir gegenüber geleitet; – so dankten wir uns gegenseitig. Sie stand gerade am oberen Ende der Treppe, und da ich keinen ihrer Kavaliere in der Nähe sah, bat ich um die Erlaubnis, sie zu ihrem Wagen führen zu dürfen. Während wir die Treppe hinabgingen, blieben wir auf jeder dritten Stufe stehn und sprachen über das Konzert und unser Abenteuer.

»Auf mein Wort, Madame«, sagte ich, als ich ihr in den Wagen half, »sechsmal habe ich mich bemüht, Sie hinauszulassen.«

»Und ich habe mich sechsmal bemüht, Sie hereinzulassen«, erwiderte sie.
»Wollte der Himmel, Sie würden es ein siebentes Mal tun«, sagte ich.
»Von ganzem Herzen«, sagte sie und machte mir Platz. Das Leben ist zu kurz, um zuviel Zeit mit Formalitäten zu verlieren; ich stieg also augenblicklich ein, und sie nahm mich mit nach Hause. –
Was aus dem Konzert geworden ist, das wird die heilige Cäcilia, die vermutlich dabei war, besser wissen als ich. Ich will nur noch hinzufügen, daß die Bekanntschaft, die ich dieser Übersetzung verdanke, mir mehr Vergnügen bereitete als irgendeine andere, die ich in Italien zu machen die Ehre hatte.

DER ZWERG
PARIS

Ich habe die Bemerkung noch nie in meinem Leben von irgend jemand gehört, außer von einem; und von wem, das wird wahrscheinlich in diesem Kapitel ans Licht kommen. Da ich so ziemlich unvoreingenommen war, muß es Gründe gegeben haben, warum mir etwas besonders auffiel, sobald ich mir die Leute im Parkett näher ansah, – und das war die unerklärliche Laune der Natur, eine so große Anzahl von Zwergen hervorzubringen. – Ohne Zweifel treibt sie dieses Spiel zu gewissen Zeiten in fast jedem Winkel der Welt; aber in Paris vergnügt sie sich endlos damit. – Die Göttin scheint fast ebenso ausgelassen wie weise zu sein.
Diesen Gedanken nahm ich mit mir aus der Opéra Comique, und im Geiste maß ich jeden, dem ich auf der Straße begegnete. – Traurige Nutzanwendung! besonders wo die Größe höchst klein, das Gesicht höchst dunkel, die Augen flink,

die Nase lang, die Zähne weiß und das Kinn vorstehend waren. Es ist schmerzlich, niederschreiben zu müssen, wie viele Unglückliche man sieht, die durch die Gewalt von Zufällen aus ihrer eigentlichen Klasse bis fast ans Ende einer anderen vertrieben wurden. – Jeder Dritte ein Pygmäe! – einige durch rachitische Köpfe und Höcker, andere durch O-Beine, eine dritte Gruppe durch die Hand der Natur im sechsten oder siebenten Jahre ihres Wachstums stehengeblieben, eine vierte von vollkommener, natürlicher Gestalt, wie Zwergapfelbäume von ihren ersten Lebenskeimen an dazu bestimmt, nie größer zu werden.

Ein medizinisch gebildeter Reisender könnte sagen, das komme von den abscheulichen Wickelbändern; – ein Spleeniger, von einem Mangel an frischer Luft; – und ein Neugieriger Reisender könnte, um den Gedanken systematisch auszubauen, die Höhe ihrer Mauern und die Enge ihrer Straßen messen und feststellen, auf wie wenig Quadratmeter Wohnraum große Teile der Einwohnerschaft im sechsten oder siebenten Stockwerk miteinander essen und schlafen. – Doch ich erinnere mich, Mr. Shandy, der ältere, der nichts so beurteilte wie andere Leute, stellte eines Abends, als wir über die Dinge sprachen, die Behauptung auf, Kinder könnten wie andere Tiere fast bis zu jeder beliebigen Größe herangezogen werden, vorausgesetzt, sie kämen richtig auf die Welt; jedoch das schlimme sei, die Bürger von Paris lebten so zusammengepfercht, daß sie in der Tat nicht genug Platz hätten, sie richtig zur Welt zu bringen.

»Ich nenne das nicht ‘etwas zur Welt bringen’«, sagte er, »denn es heißt nichts zur Welt bringen. Nein«, fuhr er fort und steigerte seine Beweisführung, »es heißt weniger als nichts zur Welt bringen, wenn das, was man nach zwanzig oder fünfundzwanzig Jahren sorgsamster Pflege und nahrhaftester Kost erhält, nicht größer sein soll als mein Bein.« Da nun

Mr. Shandy sehr klein war, ließ sich kein stärkerer Vergleich finden.
Ich schreibe aber hier keine wissenschaftliche Abhandlung, und so lasse ich die Lösung auf sich beruhn und begnüge mich mit der Feststellung, daß die Bemerkung wahr ist, was in jeder Gasse und Seitengasse von Paris nachgewiesen werden kann.
Wie ich so die Straße entlangging, die vom Carrousel zum Palais Royal führt, bemerkte ich einen kleinen Jungen in einiger Verlegenheit am Rande des Abwässerbachs, der mitten auf der Straße entlangfloß. Ich faßte ihn bei der Hand und half ihm drüber. Als ich ihm daraufhin ins Gesicht sah, merkte ich, daß er ungefähr vierzig war.
»Macht nichts«, sagte ich, »irgendeine gute Seele wird das auch für mich tun, wenn ich neunzig bin.«
Ich spüre ein paar Grundsätzchen in mir, die mich wohlwollend stimmen gegen diesen armen verkrüppelten Teil meiner Gattung, der weder Körpergröße noch Kraft hat, in der Welt vorwärtszukommen. – So kann ich es auch nicht ertragen, einen von ihnen mißhandelt zu sehn, und kaum hatte ich mich neben den alten französischen Offizier gesetzt, als auch schon mein Abscheu erregt wurde, da ich zusehn mußte, wie eben das in der Loge unter uns geschah.
Am Ende der Sperrsitze und zwischen ihnen und der ersten Seitenloge ist ein schmaler Raum gelassen, wohin Leute aller Stände ihre Zuflucht nehmen, wenn das Haus voll ist. Obwohl man dort stehen muß wie im Stehparkett, zahlt man denselben Preis wie für einen Sperrsitz. Ein armes, wehrloses Geschöpf dieser Klasse war auf irgendeine Art auf diesen unglücklichen Platz geraten. Der Abend war sehr warm, und er fand sich von Wesen umgeben, die alle zweieinhalb Fuß größer waren als er. Der Zwerg hatte von allen Seiten unaussprechlich zu leiden, aber was ihn am meisten störte, war ein

großer, korpulenter Deutscher, fast sieben Fuß hoch, der genau zwischen ihm und der Möglichkeit stand, etwas von Bühne und Schauspielern zu sehen. Der arme Zwerg versuchte alles, was er tun konnte, um wenigstens einmal einen flüchtigen Blick auf das zu werfen, was auf der Bühne vorging, indem er nach einem Guckloch zwischen Arm und Körper des Deutschen suchte. Zuerst versuchte er es auf der einen Seite, dann auf der anderen, aber der Deutsche stand wie eine Eiche in der unnachgiebigsten Haltung, die man sich vorstellen kann. Der Zwerg hätte ebensogut im tiefsten Ziehbrunnen von Paris stehen können. Höflich langte er mit der Hand nach dem Ärmel des Deutschen und teilte ihm seinen Kummer mit. – Der Deutsche drehte sich um, sah auf ihn herab wie Goliath auf David und nahm ungerührt seine frühere Haltung wieder ein.

Ich nahm gerade eine Prise Schnupftabak aus der kleinen Horndose des Mönchs. »Und wie hätte deine demütige und zuvorkommende Seele, mein lieber Mönch, die so geläutert im Geben und Vergeben ist, wie willig hätte sie dem Kummer dieses armen Menschleins ihr Ohr geliehen!«

Der alte französische Offizier sah, wie ich bewegt in die Höhe blickte, als ich diesen Ausruf tat, und nahm sich die Freiheit, mich zu fragen, was es gäbe. – In drei Worten erzählte ich ihm die Geschichte und fügte hinzu, wie unmenschlich das sei. Mittlerweile sah sich der Zwerg zum Äußersten getrieben und hatte in seinem ersten Zornesausbruch, der ja meist unvernünftig ist, dem Deutschen gesagt, er wolle ihm mit dem Messer seinen langen Zopf abschneiden. – Der Deutsche sah sich nur kaltblütig um und sagte ihm, das solle er ruhig tun, wenn er hinauflangen könne.

Eine Beleidigung, die durch Hohn verschärft wird, sei sie gerichtet, gegen wen sie wolle, läßt jeden Mann von Gefühl Partei ergreifen: ich hätte aus der Loge springen mögen, um das Unrecht wiedergutmachen zu helfen. Der französische Offizier tat das mit sehr viel weniger Aufregung. Er beugte sich leicht über die Brüstung und nickte einem Wachtposten zu, indem er gleichzeitig mit dem Finger auf den Notstand wies – und der Wachtposten ging hin. Es war gar nicht nötig, ihm auseinanderzusetzen, worin das Übel bestand: – es sprach für sich selbst. Er drängte also sogleich mit seiner Muskete den Deutschen zurück, nahm den armen kleinen Kerl bei der Hand und stellte ihn davor.

»Das ist großartig!« sagte ich und klatschte in die Hände.

»Und doch wäre es in England nicht erlaubt«, sagte der alte Offizier.

»In England, werter Herr«, sagte ich, »sitzen wir alle bequem.«

Der alte französische Offizier hätte mich mit mir selbst ausgesöhnt – falls ich mit mir in Widerspruch geraten wäre –, indem er sagte, das sei ein Bonmot; – und da ein Bonmot in Paris immer etwas wert ist, bot er mir eine Prise Schnupftabak an.

DIE ROSE
PARIS

Jetzt war ich an der Reihe, den alten französischen Offizier zu fragen, was es gäbe, denn der Ruf: »Haussez les mains, Monsieur l'Abbé!« der von einem Dutzend verschiedener Seiten des Parketts ertönte, war für mich ebenso unverständlich wie meine Anrufung des Mönchs für ihn.

Er sagte mir, es handle sich um einen armen Abbé in einer der oberen Logen, der, wie er vermute, sich verstohlen hinter ein paar Grisetten aufgepflanzt habe, um die Oper zu sehen; das Parkett habe ihn jedoch entdeckt und bestehe nun darauf, er müsse während der Vorstellung beide Hände hochhalten.

Piaud.
Tony Johannot

»Und kann man denn glauben«, sagte ich, »daß ein Geistlicher den Grisetten etwas aus den Taschen stiehlt?«
Der alte französische Offizier lächelte und flüsterte mir etwas ins Ohr, das mir das Tor zu einer Erkenntnis öffnete, von der ich bisher keine Ahnung hatte.
»Großer Gott!« sagte ich ganz blaß vor Staunen, »ist es möglich, daß ein so mit Gefühl geladenes Volk gleichzeitig so unsauber und sich selbst so unähnlich sein kann. – Quelle grossièreté!« fügte ich hinzu.
Der französische Offizier erzählte mir, es bestehe eine engherzige Feindschaft gegen die Kirche, die im Theater ungefähr zu der Zeit begonnen habe, als Molière seinen Tartuffe auf die Bühne brachte, die aber wie die anderen Überreste gotischer Sitten im Absterben begriffen sei. Jede Nation, so fuhr er fort, habe ihre feinen und groben Charakterzüge, in denen sie eine führende Stelle einnähme, die sie aber dann im Laufe der Zeit wieder an eine andere abtreten müsse. Er sei in sehr vielen Ländern gewesen, doch er habe keins gefunden, das nicht einige Vorzüge aufweise, die anderen zu fehlen schienen. »Le pour et le contre se trouvent en chaque nation. Gutes und Schlechtes gleichen sich überall aus«, sagte er, und nur die Einsicht in diese Tatsache könne die eine Hälfte der Welt von den Vorurteilen befreien, die sie über die andere hege. Der Vorteil des Reisens, was die Lebensklugheit beträfe, bestehe darin, daß man sehr viele verschiedene Menschen und Sitten kennenlerne. Das lehre uns gegenseitige Toleranz; und gegenseitige Toleranz, so schloß er und machte mir eine Verbeugung, lehre uns gegenseitige Liebe.
Der alte französische Offizier sagte das mit so viel Aufrichtigkeit und Verständnis: mein erster günstiger Eindruck von seinem Charakter wurde nur noch verstärkt. – Ich glaubte, den Mann zu lieben, doch ich fürchte, ich irrte mich im Ge-

genstand meiner Liebe: es war meine eigene Denkungsart – nur hätte ich mich nicht halb so gut ausdrücken können. Es ist für einen Reiter ebenso lästig wie für sein Pferd, wenn es ständig die Ohren spitzt und unterwegs bei jedem Gegenstande scheut, den es noch nicht gesehen hat. Ich werde davon zwar so wenig geplagt wie nur irgendeine lebendige Kreatur in der Welt, und doch muß ich ehrlich gestehn, daß mich im ersten Monat manches peinlich berührte und daß ich über manches Wort errötete, was ich im zweiten belanglos und völlig unschuldig fand.

Etwa sechs Wochen, nachdem ich ihre Bekanntschaft gemacht hatte, erwies mir Madame de Rambouillet die Ehre, mich in ihrem Wagen zu einem ungefähr zwei Meilen von der Stadt entfernten Ort mitzunehmen. – Madame de Rambouillet ist von allen Frauen die anständigste, und ich wünschte, ich begegnete nie einer mit mehr Tugenden und Herzensreinheit.

Auf unserer Rückfahrt bat mich Madame de Rambouillet, die Klingelschnur zu ziehen. Ich fragte sie, ob sie etwas wolle.

»Rien que pisser«, sagte Madame de Rambouillet.

Gräme dich nicht, zartfühlender Reisender, und lasse Madame de Rambouillet p–ssen. – Und ihr, schöne, schwebende Nymphen, geht und brecht eure Rose und streut sie auf euren Pfad; – denn Madame de Rambouillet machte nichts weiter. – Ich half Madame de Rambouillet aus dem Wagen; und wäre ich ein Priester der keuschen Castalia gewesen, ich hätte an ihrem Brunnen nicht mit ehrfurchtsvollerem Anstand dienen können.

DAS KAMMERMÄDCHEN
PARIS

Was mir der alte französische Offizier über das Reisen sagte, erinnerte mich an den Rat, den Polonius seinem Sohne über den gleichen Gegenstand erteilte – und das wiederum an Hamlet – und Hamlet an die übrigen Werke Shakespeares. So machte ich also auf dem Rückweg am Quai de Conti halt, um mir eine Ausgabe seiner gesammelten Werke zu kaufen.

Der Buchhändler sagte, er habe nicht ein einziges Exemplar im Laden. »Comment!« sagte ich und ergriff einen Band aus einer Gesamtausgabe, die zwischen uns auf dem Ladentisch lag. Er sagte, die sei ihm nur zum Binden gegeben worden und müsse am nächsten Morgen nach Versailles zum Grafen von B. zurückgesandt werden.

»Der Graf von B. liest Shakespeare?« fragte ich.

»C'est un esprit fort«, erwiderte der Buchhändler.

»Er liebt englische Bücher, und was ihm noch mehr zur Ehre gereicht, Monsieur, er liebt auch die Engländer.«

»Sie sagen das so hübsch«, versetzte ich, »es genügt, einen Engländer zu verpflichten, ein oder zwei Louisdors in Ihrem Laden anzulegen.«

Der Buchhändler verbeugte sich und wollte gerade etwas entgegnen, als ein hübsches junges Mädchen von etwa zwanzig Jahren, das ihrem Aussehen und ihrer Kleidung nach Kammermädchen bei einer frommen, vornehmen Dame zu sein schien, in den Laden trat und 'Les Égarements du Cœur et de l'Esprit' verlangte. Der Buchhändler gab ihr sogleich das Buch; sie zog eine kleine grüne Satinbörse hervor, die mit einem gleichfarbigen Band verschnürt war, steckte Daumen und Zeigefinger hinein, nahm das Geld heraus und zahlte.

– Da mich nichts weiter im Laden zurückhielt, gingen wir beide zusammen zur Tür hinaus.
»Und was haben denn Sie, mein liebes Kind«, sagte ich, »mit den 'Irrungen des Herzens' zu schaffen, da Sie doch kaum wissen, ob Sie überhaupt eins haben, und Sie können ja nie ganz sicher sein, daß Sie eins haben, bis es Ihnen die Liebe sagt oder ein treuloser Hirt es Schmerzen empfinden läßt.«
»Le Dieu m'en garde!« sagte das Mädchen. »Und mit Recht«, erwiderte ich, »denn wenn es gut ist, wäre es schade, wenn es gestohlen würde; es ist ein kleiner Schatz für dich und ziert dein Antlitz mehr als aller Perlenschmuck.«
Das junge Mädchen hörte mit untertäniger Aufmerksamkeit zu, wobei sie die ganze Zeit ihre Satinbörse an dem Bande in der Hand hielt.
»Sie ist sehr klein«, sagte ich und faßte sie unten an – (sie reichte sie mir hin) – »und es ist sehr wenig drin, meine Liebe; aber sei nur so gut wie du schön bist, und der Himmel wird sie dir füllen.« Ich hatte noch ein paar Kronen in der Hand, mit denen ich den Shakespeare-Band bezahlen wollte, und da sie ihre Börse vollends losließ, steckte ich eine davon hinein, zog das Band zu einer Schleife zusammen und gab sie ihr zurück.
Das junge Mädchen machte mir einen eher höflichen als tiefen Knicks: es war ein stilles, dankbares Hinsinken, wo sich die Seele selbst verbeugt; der Körper deutet das nur an. Nie in meinem Leben habe ich einem Mädchen mit halb so viel Vergnügen eine Krone geschenkt.
»Mein guter Rat, meine Liebe, wäre für Sie keinen Pfifferling wert«, sagte ich, »wenn ich Ihnen das nicht dazugäbe; sobald Sie aber jetzt die Krone sehen, werden Sie immer daran denken. Drum, meine Liebe, geben Sie sie nicht für bunte Bänder aus.«
»Auf Ehre, mein Herr«, sagte das Mädchen ernsthaft, »das

brächte ich nicht übers Herz«, und darauf gab sie mir die Hand, wie es bei einem Ehrenwort üblich ist. »En verité, Monsieur, je mettrai cet argent apart«, sagte sie.
Wenn ein tugendhaftes Abkommen zwischen einem Mann und einer Frau geschlossen ist, so heiligt das ihr intimstes Beisammensein. Da nun unsere Wege in die gleiche Richtung führten, nahmen wir keinen Anstoß daran, zusammen den Quai de Conti hinabzugehen, obwohl es schon dunkel zu werden begann.
Sie machte mir noch einen zweiten Knicks, ehe wir unseren Weg antraten, und als wir bis auf zwanzig Schritt an ihre Haustür herangekommen waren – als hätte sie vorher noch nicht genug getan –, blieb sie stehn und sagte – sie danke mir.
Ich hätte nicht umhin gekonnt, erklärte ich ihr, diesen kleinen Tribut an die Tugend zu zahlen, und ich möchte mich nicht um alles in der Welt in der Person getäuscht haben, der ich ihn zollte. »Doch ich sehe Unschuld in Ihrem Gesicht, meine Liebe, und wehe dem Mann, der ihr jemals eine Falle stellt.«
Das Mädchen schien auf die eine oder andere Art beeindruckt von dem, was ich sagte; – sie seufzte leise. Ich fühlte mich nicht im geringsten ermächtigt, sie nach der Ursache zu fragen; darum schwieg ich, bis wir an die Rue de Nevers kamen, wo wir uns trennen mußten.
»Ist das auch der richtige Weg, meine Liebe«, sagte ich, »zum Hotel de Modène.« – Sie bejahte es; – oder ich könne auch durch die Rue de Guénégaud gehn, die nächste Querstraße. »Dann werde ich, meine Teure, durch die Rue de Guénégaud gehn«, sagte ich, »und zwar aus zwei Gründen: erstens weil es mir Spaß macht und dann, um Ihnen den Schutz meiner Begleitung so weit wie möglich zu gewähren.« – Das Mädchen spürte meine Höflichkeit und sagte, sie wünsche, das Hotel

de Modène sei in der Rue de St. Pierre. – »Wohnen Sie dort?« fragte ich. – Sie erzählte mir, sie sei Kammermädchen bei Madame de R. »Großer Gott!« rief ich, »das ist die Dame, für die ich einen Brief aus Amiens mitgebracht habe.« Das Mädchen erzählte mir, sie glaube, Madame de R. erwarte einen Fremden mit einem Brief und warte schon mit Ungeduld darauf, ihn zu empfangen. Also bat ich das Mädchen, mich Madame de R. zu empfehlen und ihr mitzuteilen, ich werde ihr am nächsten Morgen bestimmt meine Aufwartung machen.

Während dieser Unterhaltung waren wir an der Rue de Nevers stehengeblieben. Dort verweilten wir einen Augenblick, während sie ihre 'Irrungen des Herzens' bequemer unterbrachte als sie in der Hand zu tragen. Es waren zwei Bände: so hielt ich den zweiten für sie, bis sie den ersten in die Tasche gesteckt hatte, dann hielt sie die Tasche auf, und ich schob den zweiten nach.

Es ist süß, wenn man fühlt, durch welch feingesponnene Fäden sich unsere gegenseitigen Neigungen miteinander verknüpfen.

Als wir weitergingen, ließ das Mädchen beim dritten Schritt ihre Hand in meinen Arm schlüpfen. – Ich wollte ihr ihn gerade anbieten, doch sie nahm ihn von selbst mit einer unbedenklichen Natürlichkeit, die zeigte, wie fern ihr der Gedanke lag, daß wir uns noch nie begegnet waren. Ich meinerseits fühlte das Band der Blutsverwandtschaft so stark, ich mußte mich einfach halb umdrehn und ihr ins Gesicht sehn, ob ich nicht vielleicht irgendeine Spur von Familienähnlichkeit darin entdecken könne. »Ach was!« sagte ich, »sind wir nicht alle miteinander verwandt?«

Als wir ans Ende der Rue de Guénégaud kamen, hielt ich an, um mich endgültig von ihr zu verabschieden. Das Mädchen dankte mir nochmals für meine Begleitung und meine

Freundlichkeit; – sie sagte mir zweimal Lebewohl – und ich wiederholte es ebensooft. So herzlich war unser Abschied – wäre es anderswo gewesen, ich bin überzeugt, ich hätte ihn mit einem Kuß christlicher Liebe besiegelt, so warm und heilig wie von einem Apostel.
Aber da in Paris nur die Männer einander küssen, tat ich, was auf dasselbe hinauslief – ich sagte ihr: »Behüt dich Gott!«

DER REISEPASS
PARIS

Als ich in mein Hotel zurückkam, teilte mir La Fleur mit, der Polizeileutnant habe nach mir gefragt.
»Zum Teufel«, sagte ich, »ich weiß schon warum.« Es ist an der Zeit, daß es der Leser auch erfährt; denn in der zeitlichen Aufeinanderfolge der Dinge habe ich es ausgelassen, doch nicht etwa, weil es mir entfallen gewesen wäre; hätte ich es aber damals erzählt, so wäre es vielleicht jetzt schon vergessen, und gerade jetzt spielt es eine Rolle.
Bei der großen Eile, mit der ich London verlassen hatte, war es mir nicht in den Sinn gekommen, daß wir uns mit Frankreich im Kriegszustand befanden, und ich hatte schon Dover erreicht und besah mir durch mein Fernglas die Hügel jenseits von Boulogne, ehe mir der Gedanke auftauchte, ich könne bei der gegenwärtigen Lage ohne Reisepaß doch nirgends hingelangen. Ich habe schon eine tödliche Abscheu davor, bis ans Ende einer Straße zu gehn, ohne klüger zurückzukehren als ich vorher war, und da es sich hier um eine meiner größten Bemühungen handelte, Kenntnisse zu erwerben, konnte ich den Gedanken daran um so weniger ertragen. Als ich deshalb hörte, der Graf von . . . habe das Postschiff gemietet, bat ich darum, er möge mich in seinem

Gefolge mitnehmen. Da ich dem Grafen nicht gänzlich unbekannt war, machte er nur wenig oder gar keine Schwierigkeiten. Er sagte nur, seine Bereitwilligkeit, mir zu dienen, könne nicht weiter als bis Calais reichen, weil er dann über Brüssel nach Paris zurückkehren müsse; wenn ich jedoch einmal drüben wäre, könnte ich ungehindert bis Paris gelangen, aber in Paris müsse ich mir Freunde verschaffen und mich selbst durchschlagen.

»Wenn ich erst einmal in Paris bin, Herr Graf, werde ich mir schon zu helfen wissen.« So ging ich an Bord und vergaß die ganze Angelegenheit.

Als mir La Fleur sagte, der Polizeileutnant habe nach mir gefragt, erinnerte ich mich augenblicklich. Kaum hatte mir La Fleur das Wesentliche mitgeteilt, kam auch schon der Wirt mit derselben Botschaft in mein Zimmer, nur setzte er hinzu, es sei besonders nach meinem Reisepaß gefragt worden. Der Wirt schloß, indem er sagte: er hoffe, ich habe einen.

»Ich nicht, nein!« sagte ich.

Der Wirt wich drei Schritt zurück wie vor einem Aussätzigen, als ich das gestand – und der arme La Fleur näherte sich mir um drei Schritt mit einer ähnlichen Bewegung, wie sie eine gute Seele macht, um einem Bedrängten beizuspringen. Der Bursche eroberte mein Herz damit, und an diesem einzigen Zug erkannte ich seinen Charakter so gut, als hätte er mir sieben Jahre treu gedient, und ich wußte, ich konnte mich fest auf ihn verlassen.

»Mein Herr!« rief der Wirt, faßte sich aber noch, während er den Ausruf tat, und änderte augenblicklich seinen Ton. »Wenn der Herr«, sagte er, »keinen Reisepaß besitzt (anscheinend), so hat er doch aller Wahrscheinlichkeit nach Freunde in Paris, die ihm einen verschaffen können.«

»Nicht, daß ich wüßte«, sagte ich mit gespielter Gleichgültigkeit.

»Dann werden Sie ganz bestimmt in die Bastille gebracht«, erwiderte er, »oder wenigstens ins Châtelet.«
»Ach was!« sagte ich, »der König von Frankreich ist eine gutherzige Seele – der tut niemandem weh.«
»Cela n'empêche pas«, sagte er, »Sie werden sicherlich morgen früh in die Bastille gebracht.«
»Aber ich habe Ihre Zimmer für einen Monat gemietet«, antwortete ich, »und ich werde sie nicht einen Tag vor der Zeit verlassen, und kämen alle Könige von Frankreich in der Welt.« La Fleur flüsterte mir ins Ohr, niemand könne sich dem König von Frankreich widersetzen.
»Bei Gott!« sagte mein Wirt, »diese Herren Engländer sind sehr ungewöhnliche Leute.« – Und nachdem er das gesagt und durch einen Fluch bekräftigt hatte, ging er hinaus.

DER REISEPASS
HOTEL DU PARIS

Ich konnte es nicht übers Herz bringen, La Fleur wegen dieser Angelegenheit, die mich in Verlegenheit brachte, durch eine verdrießliche Miene zu quälen. Das war der Grund, weshalb ich die Sache so auf die leichte Schulter nahm. Um ihm zu zeigen, wie wenig ich mir daraus machte, ließ ich das Thema gänzlich fallen; und während er mich beim Abendessen bediente, erzählte ich ihm mit mehr als der gewöhnlichen Ausgelassenheit von Paris und von der Komischen Oper.
La Fleur war selbst dort gewesen und mir dann durch die Straßen bis zu der Buchhandlung nachgegangen. Als er aber sah, daß ich mit dem jungen Kammermädchen herauskam und wir zusammen den Quai de Conti hinabschlenderten, hielt er es für unnötig, mir auch nur einen Schritt weiter zu

folgen. Er stellte seine eigenen Betrachtungen darüber an, schlug einen kürzeren Weg ein und kam gerade rechtzeitig ins Hotel zurück, um von den polizeilichen Ermittlungsversuchen über meine Ankunft zu erfahren.

Sobald aber die redliche Seele abgeräumt hatte und hinabgegangen war, um selbst Abendbrot zu essen, begann ich, ernsthafter über meine Lage nachzudenken.

Ich weiß, Eugenius, hier wirst du lächeln und dich an ein kurzes Gespräch zwischen uns im Augenblick meiner Abreise erinnern. – Ich muß es hier berichten.

Eugenius, der sehr wohl wußte, daß ich weder mit Geld noch mit Gedanken überladen zu sein pflegte, hatte mich beiseite gezogen und mich gefragt, wieviel Reisegeld ich bei mir habe. Als ich ihm die genaue Summe nannte, schüttelte Eugenius den Kopf und sagte, das reiche nicht aus. Darauf zog er seine Börse und wollte ihren Inhalt in die meine schütten. »Ich habe wirklich genug, Eugenius«, sagte ich. »Nein, Yorick, du hast nicht genug«, erwiderte Eugenius, »ich kenne Frankreich und Italien besser als du.« – »Doch du bedenkst nicht, Eugenius«, sagte ich und wies sein Angebot zurück, »noch ehe ich drei Tage in Paris bin, werde ich absichtlich das eine oder andere sagen oder tun, wofür sie mich in die Bastille sperren und ein paar Monate gänzlich auf Kosten des Königs von Frankreich ernähren werden.« – »Entschuldige bitte«, sagte Eugenius trocken, »an diese Möglichkeit habe ich wirklich nicht gedacht.«

Jetzt stand das scherzhaft behandelte Ereignis allen Ernstes vor meiner Tür. Ist es nun Torheit oder Lässigkeit oder Philosophie oder Hartnäckigkeit – oder was ist es sonst in mir: nachdem La Fleur hinuntergegangen und ich ganz allein war, konnte ich mich nicht überwinden, anders über die Sache zu denken, als ich damals mit Eugenius darüber gesprochen hatte.

Und was die Bastille betrifft – das Schreckliche steckt ja doch nur in dem Wort. Macht es so schlimm ihr wollt, sagte ich mir, Bastille ist nur ein anderes Wort für Turm, und Turm ist nur ein anderes Wort für ein Haus, aus dem man nicht heraus kann. Gott sei den Gichtbrüchigen gnädig, denn sie sind zweimal im Jahre drin. – Aber mit neun Franken am Tag und mit Feder, Tinte, Papier und Geduld kann es einem Manne, auch wenn er nicht heraus darf, doch ganz gut darin gehen, wenigstens einen Monat oder sechs Wochen lang. Am Ende erweist sich dann seine Unschuld, falls er ein harmloser Bursche ist, und er kommt besser und klüger heraus als er hineinging.

Aus irgendeinem Grund (ich weiß nicht mehr aus welchem) ging ich in den Hof hinunter, nachdem ich mit dieser Überlegung zu Ende kam, und ich erinnere mich, wie ich mit nicht geringem Stolz auf die Schärfe meines Verstandes die Treppe hinabstieg.

»Verwünscht seien düstere Bilder!« sprach ich prahlerisch, »denn ich beneide ihre Kraft nicht, die Schattenseiten des Lebens in so unerträglichen und widerwärtigen Farben auszumalen. Die Seele steht erschrocken vor den Gegenständen, die sie selbst vergrößert und verdunkelt hat: man führe sie nur auf ihre natürliche Größe und Farbe zurück, und sie werden von ihr übersehn.«

»Es ist wahr«, sagte ich und verbesserte den eben aufgestellten Satz, »die Bastille ist kein verabscheuungswürdiges Übel. Man reiße nur ihre Türme ab, fülle den Graben aus, beseitige die Barrikaden vor den Toren, nenne es ganz schlicht Hausarrest und nehme an, es sei die Tyrannei einer Krankheit und nicht der Menschen, die zum Aufenthalt darin zwingt – und das Schreckliche verschwindet: der Rest läßt sich dann ohne Murren ertragen.«

Auf dem Höhepunkt dieses Selbstgespräches wurde ich von

einer Stimme unterbrochen, die ich für die eines Kindes hielt, das jammerte, ‘es könne nicht heraus’. Ich suchte den Gang mit den Augen ab, da ich aber weder Mann noch Frau noch Kind sah, ging ich ohne weiter darauf zu achten hinaus. Als ich durch den Gang zurückkehrte, hörte ich dieselben Worte zweimal hintereinander. Ich schaute in die Höhe und sah, daß sie von einem Star herrührten, der in einem kleinen Käfig saß.

»Ich kann nicht heraus! – Ich kann nicht heraus!« sagte der Star.

Ich blieb stehen und betrachtete den Vogel. Sobald jemand durch den Gang kam, flatterte er ihm mit derselben Klage über seine Gefangenschaft im Käfig entgegen.

»Ich kann nicht heraus!« sagte der Star.

»Helf dir Gott!« sagte ich, – »doch ich werde dich herauslassen, koste es, was es wolle.«

Ich drehte den Käfig herum, um an die Tür zu kommen: sie war so fest mit Draht verflochten und wieder verflochten, daß sie sich nicht öffnen ließ, ohne den Käfig in Stücke zu reißen. Mit beiden Händen griff ich zu.

Der Vogel flog nach der Seite, auf der ich seine Befreiung versuchte. Er schob den Kopf durchs Gitter und drückte die Brust dagegen, als sei er voller Ungeduld.

»Ich fürchte, du armes Geschöpf«, sagte ich, »ich kann dich nicht in Freiheit setzen.«

»Nein«, sagte der Star, »ich kann nicht heraus, – ich kann nicht heraus«, sagte der Star.

Ich schwöre, mein Mitgefühl ist niemals auf zärtlichere Weise geweckt worden; auch erinnere ich mich an keinen Vorfall in meinem Leben, durch den meine zerstreuten Lebensgeister, die mit der Vernunft wie mit einer Seifenblase gespielt hatten, so rasch wieder gesammelt worden wären. Obwohl die Klagetöne mechanisch klangen, waren sie doch so naturgetreu ausgestoßen, daß sie im Handumdrehen alle meine systematischen Überlegungen zum Thema Bastille über den Haufen warfen. Schweren Herzens sieg ich die Treppe hinauf und machte jedes Wort ungesagt, das ich beim Heruntergehen von mir gegeben hatte.

»Verkleide dich, wie du willst, Sklaverei«, sagte ich, »du bist dennoch ein bitterer Trank! Und wenn auch zu allen Zeiten Tausende gezwungen wurden, von dir zu trinken, so schmeckst du deshalb nicht weniger bitter. Du bist es, dreifach süße, holdselige Göttin«, so redete ich die Freiheit an, »die jeder öffentlich oder insgeheim verehrt; dein Geschmack ist lieblich und wird immer so bleiben, bis sich die Natur selbst verändert. – Kein Tintenkleckser kann deinen schneeweißen Mantel beflecken, keine chemische Kraft dein Zepter in Eisen verwandeln. Wenn du ihm zulächelst, während er seine Brotrinde verzehrt, ist der Bauer glücklicher als der Kaiser, von dessen Hof du verbannt bist. – Gnädiger Himmel!« rief ich und kniete beim Hinaufsteigen auf der vorletzten Treppenstufe nieder, »schenke mir nur Gesundheit, du großer Spender, und gib mir diese herrliche Göttin zur Gefährtin – dann magst du, falls es deine göttliche Vorsehung für gut befindet, deine Bischofsmützen auf die Köpfe regnen lassen, die sich mit Schmerzen danach sehnen.«

DER GEFANGENE
PARIS

Der Vogel im Käfig verfolgte mich bis in mein Zimmer. Ich ließ mich am Tisch nieder, stützte den Kopf auf die Hand und begann, mir das Elend der Gefangenschaft auszumalen. Da ich in der richtigen Stimmung dazu war, ließ ich meiner Phantasie freien Lauf.

Ich wollte mit den Millionen meiner Mitmenschen beginnen, die keine andere Erbschaft als die Sklaverei anzutreten haben, doch ich fand, wie ergreifend das Bild auch war, ich konnte es mir nicht nahe genug bringen, die Massen trauriger Gruppen verwirrten mich nur.
So nahm ich einen einzelnen Gefangenen heraus, und nachdem ich ihn zuerst in sein Verlies eingeschlossen hatte, schaute ich dann durch das Zwielicht seiner vergitterten Tür, um sein Bild in mich aufzunehmen.
Ich erblickte seinen von langem Harren und Gefangenschaft halb verzehrten Körper und empfand, welcher Herzenskummer aus hingehaltener Hoffnung erwächst. Bei näherem Hinsehn bemerkte ich, daß er blaß aussah und fieberte: dreißig Jahre lang hatte der Westwind nicht ein einziges Mal sein Blut erfrischt – die ganze Zeit über hatte er weder Sonne noch Mond gesehen –, noch hatte die Stimme eines Freundes oder Verwandten durchs Gitter zu ihm gesprochen. – Seine Kinder – Doch hier begann mein Herz zu bluten, und ich war gezwungen, mit einem anderen Teil des Porträts fortzufahren. Er saß im hintersten Winkel seines Kerkers am Boden auf einem Häufchen Stroh, das ihm abwechselnd als Stuhl und als Bett diente. Ein kleiner Kalender aus dünnen Holzpflöckchen lag am Kopfende, über und über mit Kerben versehen für jeden einzelnen der schrecklichen Tage und Nächte, die er dort verbracht hatte. Er hielt eines dieser Holzpflöckchen in der Hand und fügte mit einem rostigen Nagel eine neue Kerbe für einen neuen Tag des Elends zu der Unzahl der übrigen. Da mein Schatten das wenige Licht verdunkelte, das zu ihm drang, warf er einen hoffnungsleeren Blick auf die Tür und senkte ihn dann wieder zu Boden, schüttelte den Kopf und fuhr in seiner traurigen Beschäftigung fort. Ich hörte die Ketten an seinen Füßen klirren, als er seinen Körper herumwälzte, um das Holzpflöckchen auf

das Bündel zu legen. – Er seufzte tief. – Ich sah, wie das Eisen in seine Seele drang! – Ich brach in Tränen aus. – Ich konnte das Bild der Gefangenschaft, das meine Phantasie entworfen hatte, nicht länger ertragen. Von meinem Stuhle aufspringend, rief ich La Fleur und bat ihn, mir einen Wagen zu bestellen und ihn am nächsten Morgen um neun Uhr vor der Hoteltür bereitzuhalten.

»Ich werde«, sagte ich, »geradewegs persönlich zum Herzog von Choiseul gehn.«

La Fleur hätte mich gern zu Bett gebracht; da ich aber nicht wollte, daß er etwas auf meiner Wange sah, das dem redlichen Burschen Herzweh verursacht hätte, so sagte ich ihm, ich wolle allein zu Bett gehn – und hieß ihn, das auch zu tun.

DER STAR
STRASSE NACH VERSAILLES

Zur vorgesehenen Stunde stieg ich in meinen Wagen. La Fleur nahm hinter mir Platz, und ich befahl dem Kutscher, so schnell wie möglich nach Versailles zu fahren.

Da es unterwegs nichts gab oder wenigstens nicht das, was ich auf Reisen suchte, kann ich die Lücke nicht besser ausfüllen als mit einer kurzen Geschichte eben dieses Vogels, der Gegenstand des vorhergehenden Kapitels war.

Während der hochwohlgeborene Herr ... in Dover auf günstigen Wind wartete, war er von dessen Reitknecht, einem jungen Engländer, auf den Klippen gefangen worden, noch ehe er richtig fliegen konnte. Der Reitknecht wollte den Star nicht töten und nahm ihn in seiner Brusttasche mit aufs Postschiff. Durchs Füttern und weil er ihn nun einmal in seinen Schutz genommen hatte, gewann er ihn in wenigen Tagen lieb und brachte ihn wohlbehalten nach Paris.

In Paris gab der Bursche einen Franken aus für einen Käfig für den Star, und da er nicht viel Besseres zu tun hatte in den fünf Monaten, die sein Herr sich dort aufhielt, brachte er ihm die vier einfachen Wörter – (und nicht mehr) – in seiner Muttersprache bei, wegen der ich mich so sehr als Schuldner des Vogels fühlte.
Als sein Herr dann nach Italien weiterreiste, übergab ihn der Bursche dem Wirt des Hotels. Doch da sein kleiner Freiheitsgesang in einer in Paris unbekannten Sprache ertönte, hatte der Vogel für ihn nur wenig oder gar keinen Wert: – so kaufte ihn La Fleur für mich samt dem Käfig für eine Flasche Burgunder.
Bei meiner Rückkehr aus Italien nahm ich ihn mit in das Land, in dessen Sprache er sprechen gelernt hatte, und als ich Lord A. seine Geschichte erzählte, bat mich Lord A. um den Vogel. Eine Woche später gab ihn Lord A. an Lord B. weiter, Lord B. verschenkte ihn an Lord C., und der Kammerdiener von Lord C. verkaufte ihn an den von Lord D. für einen Schilling; – Lord D. übergab ihn an Lord E. und so weiter durch das halbe Alphabet. Von diesen Adelskreisen wechselte er ans Unterhaus über und ging durch die Hände ebenso vieler gewöhnlicher Sterblicher. Diese alle aber wünschten *hinein*zukommen, – mein Vogel aber wollte *heraus*, und so hatte er in London fast ebensowenig Wert wie in Paris.
Viele meiner Leser müssen schon von ihm gehört haben, und falls der eine oder andere ihn ganz zufällig schon gesehen haben sollte, so erlaube ich mir, ihm mitzuteilen, daß das mein Vogel war – oder eine billige Kopie davon, die ihn darstellen sollte.
Ich habe nichts weiter hinzuzufügen, als daß ich von jener Zeit an bis auf den heutigen Tag diesen armen Star als Helmschmuck in meinem Wappen führe. – Mögen die Beamten

des Wappenamtes kommen und ihm den Hals umdrehen, wenn sie das Herz dazu haben.

DIE ANREDE
VERSAILLES

Es wäre mir peinlich, wenn mir ein Feind in die Seele schaute, während ich im Begriff bin, bei jemandem Schutz zu suchen. Aus diesem Grunde versuche ich gewöhnlich, mich selbst zu beschützen, doch dieser Gang zum Herzog von C. war ein Akt der Notwendigkeit; wäre er ein Akt der freien Wahl gewesen, ich glaube, ich hätte ihn so verrichtet wie andere Leute. Wie viele gemeine Pläne für eine schmutzige Anrede machte doch mein knechtisches Herz auf der Hinfahrt! Für jeden von ihnen hätte ich die Bastille verdient.

Als dann Versailles in Sicht kam, vermochte ich nichts anderes mehr zu tun, als Worte und Redensarten zu drechseln und Gesten und Tonfälle zu erfinden, um mich in die Gunst des Herzogs von C. einzuschmeicheln.

»Das wird gehen«, sagte ich. »Gerade wie ein Rock«, gab ich zurück, »den ihm ein wagehalsiger Schneider bringt, ohne vorher Maß genommen zu haben.« »Du Narr!« fuhr ich fort, »sieh doch dem Herzog ins Gesicht und beobachte, was für ein Charakter darin geschrieben steht; – paß auf, welche Haltung er einnimmt, wenn er dich anhört; – achte auf die Bewegung und den Ausdruck seines Körpers und seiner Glieder; – und was den Gesprächston angeht: – der erste Laut, der über seine Lippen kommt, wird ihn dir geben; – und aus allem zusammen wirst du an Ort und Stelle eine Anrede aufbauen, die dem Herzog nicht mißfallen kann: – die Zutaten stammen ja von ihm selbst, und er wird sie höchstwahrscheinlich schlucken.«

»Ach«, sagte ich, »ich wünschte, es wäre alles schon vorbei.« – »Alter Feigling! – als ob nicht auf dem ganzen weiten Erdenrund ein Mensch dem anderen gleich wäre; – und wenn auf dem Schlachtfeld, warum nicht auch von Angesicht zu Angesicht im Salon? Verlaß dich darauf, Yorick, wo immer das nicht so ist, da ist der Mensch seiner eigenen Natur untreu und verrät seine Bundesgenossen zehnmal, wenn die Natur es nur einmal tut. Gehe zum Herzog von C. mit der Bastille ins Gesicht geschrieben – und ich wette mein Leben, er schickt dich in einer halben Stunde mit einer Eskorte nach Paris zurück.« – »Das glaube ich wohl«, sagte ich. »Dann, bei Gott, werde ich mit der größten Unbeschwertheit und Heiterkeit der Welt zum Herzog gehn.« – »Das ist auch nicht richtig«, gab ich zurück, »ein ruhiges Gewissen flüchtet sich nicht in Extreme, es ist im Gleichgewicht.« – »Na also«, sagte ich, als der Kutscher durchs Tor bog, »ich glaube, ich werde meine Sache ganz gut machen.«
Bis er mich dann um den Hof herum zur Tür gefahren hatte, fand ich mich durch die mir selbst erteilte Lektion so weit gefördert, daß ich die Stufen weder wie ein Verbrecher hinaufstieg, der auf der obersten sein Leben verlieren soll, noch sie in wenigen Sprüngen nahm, wie ich es mache, wenn ich zu dir hinaufeile, Elisa, um bei dir mein Leben zu finden.
Als ich den Salon betrat, wurde ich von einer Person empfangen, die möglicherweise der Haushofmeister war, aber eher wie ein Untersekretär aussah und mir sagte, der Herzog von C. sei beschäftigt. »Mir ist ganz und gar unbekannt«, sagte ich, »auf welche Art und Weise man eine Audienz erlangen kann; denn ich bin völlig fremd hier und, was beim gegenwärtigen Stand der Dinge noch schlimmer ist, Engländer.«
Er erwiderte, das vergrößere die Schwierigkeiten nicht. Ich machte eine leichte Verbeugung und sagte ihm, ich hätte dem Herzog etwas Wichtiges mitzuteilen. Der Sekretär blickte

nach der Treppe, als wolle er mich stehenlassen und diese Nachricht jemandem hinauftragen.

»Doch ich darf Sie nicht irreführen«, sagte ich, »denn was ich mitzuteilen habe, ist keineswegs wichtig für den Herzog von C., wohl aber von großer Bedeutung für mich selbst.«

»C'est une autre affaire«, antwortete er.

»Durchaus nicht«, sagte ich, »für einen Mann von Ehre. Aber ich bitte Sie, werter Herr«, fuhr ich fort, »wann darf ein Fremder hoffen, vorgelassen zu werden?«

»Nicht vor zwei Stunden«, sagte er und sah auf seine Uhr. Die Zahl der Equipagen auf dem Hofe schien die Voraussage zu rechtfertigen, es sei eher kaum damit zu rechnen; und da das Auf- und Abgehen im Salon ohne einen Menschen, mit dem man sich unterhalten kann, unter diesen Umständen ebenso qualvoll ist wie in der Bastille zu verschmachten, ging ich schnurstracks zu meinem Wagen zurück und bat den Kutscher, mich zum Cordon Bleu, dem nächsten Gasthof, zu fahren.

Ich glaube, über mir waltet ein böses Geschick; – ich gelange selten dahin, wohin ich eigentlich gelangen will.

DER PASTETENHÄNDLER
VERSAILLES

Noch ehe ich den halben Weg zurückgelegt hatte, überlegte ich es mir anders. Da du nun einmal in Versailles bist, dachte ich, könntest du dir ja auch gleich die Stadt ansehn. So zog ich die Klingelschnur und befahl dem Kutscher, mich durch die wichtigsten Hauptstraßen zu fahren.

»Ich nehme an, die Stadt ist nicht sehr groß«, sagte ich. Der Kutscher bat um Entschuldigung, mich berichtigen zu müssen, – und erzählte mir, sie sei großartig. Viele der ersten

Herzöge, Marquis und Grafen hätten hier ihre Residenz. Augenblicklich kam mir dabei der Graf von B. in den Sinn, von dem am Abend zuvor der Buchhändler am Quai de Conti so viel Gutes gesprochen hatte. Und warum sollte ich nicht, dachte ich, zum Grafen von B. gehn, der eine so hohe Meinung von englischen Büchern und von den Engländern hat, und ihm meine Geschichte erzählen?
Ich änderte also meinen Plan zum zweiten Male.
In Wirklichkeit aber war es das dritte Mal, denn ich hatte ursprünglich beabsichtigt, den Tag Madame de R. in der Rue de St. Pierre zu widmen und ihr durch das Kammermädchen untertänigst mitteilen lassen, ich wolle ihr bestimmt meine Aufwartung machen; doch ich werde von den Umständen beherrscht: – ich kann sie nicht beherrschen. Als ich darum an der anderen Straßenseite einen Mann mit einem Korb stehen sah, als habe er etwas zu verkaufen, befahl ich La Fleur, zu ihm hinzugehen und sich nach der Wohnung des Grafen zu erkundigen.
La Fleur kam bleich zurück und sagte mir, es sei ein Ritter des St.-Ludwigs-Ordens, der Pasteten verkaufe. »Das ist unmöglich, La Fleur«, sagte ich. La Fleur konnte sich diese Erscheinung ebensowenig erklären wie ich, doch er beharrte auf seiner Feststellung. Er sagte, er habe das mit einem roten Band am Knopfloch befestigte, in Gold eingefaßte Kreuz gesehen und in den Korb geschaut und die Pasteten entdeckt, die der Ritter verkaufe; er könne sich also nicht irren.
Ein solcher Umschwung im Leben eines Mannes erweckt ein tieferes Gefühl der Neugier. Ich konnte nicht umhin, in der Kutsche sitzend, ihn eine Zeitlang anzusehn. Je länger ich mir ihn, das Kreuz und den Korb betrachtete, um so stärker verschmolz alles in meinem Hirn. – Ich stieg aus dem Wagen und ging auf ihn zu.
Er trug eine saubere Leinenschürze, die ihm bis über die

Knie reichte, und eine Art Latz, der die halbe Brust bedeckte. Auf diesem, aber zum Teil unter dem Saum versteckt, hing das Kreuz. Der Korb mit den kleinen Pasteten war mit einer weißen Damastserviette zugedeckt. Eine solche lag auch auf dem Boden des Korbes ausgebreitet; und das alles sah so hübsch und sauber aus, man hätte seine Pasteten ebenso aus Appetit wie aus Mitgefühl kaufen können.

Er pries sie aber weder aus dem einen noch aus dem anderen Grunde an, sondern stand ruhig damit an der Ecke eines Hotels, um sie an diejenigen zu verkaufen, die sie ohne langes Zureden haben wollten.

Er war ungefähr achtundvierzig Jahre alt und von seriösem Äußeren, das sich einer gewissen Würde näherte. Es wunderte mich auch nicht. Ich ging eher auf den Korb als auf den Mann zu, hob die Serviette in die Höhe, nahm eine seiner Pasteten in die Hand und bat ihn dann, er möchte mir doch erklären, warum er hier stehe und Pasteten verkaufe – was mich ja so beeindruckte.

In kurzen Worten erzählte er mir, er habe den größten Teil seines Lebens in der Armee gedient, wo er, indem er sein kleines väterliches Erbteil zusetzte, eine Kompanie erhielt und das Kreuz dazu. Beim letzten Friedensschluß sei aber sein Regiment umgruppiert und das ganze Korps, zusammen mit denen einiger anderer Regimenter, ohne Pension entlassen worden. So fand er sich allein in der Welt, ohne Freunde, ohne Geld – »und in der Tat«, sagte er, »ohne irgend etwas außer dem da«, – (wobei er auf das Kreuz zeigte). – Der arme Ritter hatte schon mein Mitgefühl gewonnen, doch nun gewann er auch noch meine Hochachtung.

Der König, sagte er, sei der edelste aller Fürsten, aber seine Großmut könne nun einmal nicht jedem einzelnen helfen oder ihn belohnen; es sei nur sein persönliches Mißgeschick, daß er zur Masse der Unbekannten gehöre. Er habe eine

Tony Johannot

kleine Frau, sagte er, die er liebe und die das Pastetenbacken besorge; und er fügte hinzu, er fühle sich nicht entehrt, wenn er sie und sich selbst auf diese Weise vor der bittersten Not bewahre, solange ihm die Vorsehung keine bessere Möglichkeit biete.

Es wäre sündhaft, wollte ich allen Gutherzigen ein Vergnügen vorenthalten, indem ich verschwiege, was dem armen Ritter des St.-Ludwigs-Ordens ungefähr neun Monate später passierte. Anscheinend bezog er regelmäßig seinen Posten neben dem eisernen Tor, das zum Palast führt, und da das Kreuz den Blick vieler Leute fesselte, hatten ihn wohl viele in derselben Weise ausgefragt wie ich. Er hatte ihnen dieselbe Geschichte erzählt und jedesmal mit so viel Bescheidenheit und Anstand, daß es endlich dem König zu Ohren kam; – und als der vernahm, der Ritter sei ein tapferer Offizier gewesen und vom ganzen Regiment als Mann von Ehre und Unbescholtenheit geschätzt worden, machte er seinem kleinen Handel durch eine Rente von 1500 Franken im Jahr ein Ende.

Da ich dies erzählt habe, um den Leser zu erfreuen, bitte ich nun um die Erlaubnis, zu meinem eigenen Ergötzen außer der Reihe auch etwas anderes erzählen zu dürfen; – die beiden Geschichten erhellen einander gegenseitig, und es wäre schade, wenn sie getrennt würden.

DER DEGEN
RENNES

Da doch Staaten und Reiche im Verfall begriffen sind und der Reihe nach spüren, was Not und Armut bedeuten – so will ich mich nicht damit aufhalten, die Gründe aufzuzählen, durch die das Haus von E. in der Bretagne einen allmählichen Niedergang erfuhr. Der Marquis von E. hatte mit großer Standhaftigkeit gegen seine Lage angekämpft, weil er der Welt noch einige kleine Reste von dem, was seine Vorfahren gewesen waren, erhalten und zeigen wollte;–allein deren Unbesonnenheit hatte ihm die Möglichkeit genommen. – Zwar war noch genug übrig für die bescheidenen Ansprüche eines Lebens in dunkler Verborgenheit, doch er hatte zwei Söhne, die zu ihm nach Licht aufschauten; – und er glaubte, sie verdienten es. Er versuchte es mit dem Degen – es konnte ihm den Weg nicht öffnen – die Ausrüstung war zu kostspielig, und Sparsamkeit allein konnte auch nichts helfen: – es gab also keinen anderen Ausweg als den Handel.

In jeder anderen französischen Provinz außer in der Bretagne hieße das, endgültig die Axt an die Wurzel des Baumes setzen, den sein Stolz und seine Liebe wieder aufblühen zu sehen wünschte. – In der Bretagne gab es für diesen Fall eine Einrichtung, von der er Gebrauch machte. Als die Stände in Rennes zusammenkamen, nahm der Marquis die Gelegenheit wahr und trat, begleitet von seinen beiden Söhnen, vor den Gerichtshof. Er berief sich auf ein altes Gesetz des Herzogtums, das, obwohl selten in Anspruch genommen, sagte er, so doch nichtsdestoweniger in Kraft sei, und löste den Degen von seiner Seite. »Hier«, sagte er, »nehmt ihn hin und verwahrt ihn gut, bis bessere Zeiten mir erlauben, ihn zurückzufordern.«

Der Präsident nahm den Degen des Marquis entgegen; – er verweilte noch ein paar Minuten, um ihn im Archiv des Hauses untergebracht zu sehen, und entfernte sich.

Am nächsten Tage schiffte sich der Marquis mit seiner ganzen Familie nach Martinique ein und kehrte nach ungefähr neunzehn oder zwanzig Jahren erfolgreicher Geschäftstätigkeit und dazu mit einem unerwarteten Erbteil von einem entfernten Zweig des Hauses zurück, um seinen Adelsrang wieder einzufordern und ihn zu behaupten.

Es war ein glücklicher Zufall, wie ihn eben nur ein Empfindsamer Reisender trifft, daß ich ausgerechnet zur Zeit der feierlichen Rückforderung in Rennes sein sollte. Ich nenne sie feierlich – für mich war sie es.

Der Marquis trat mit seiner ganzen Familie vor das Hohe Gericht; – er führte seine Gemahlin am Arm, sein ältester Sohn seine Schwester, und der jüngste ging am anderen Ende der Reihe neben seiner Mutter. – Zweimal hielt er sein Taschentuch vors Gesicht. –

Es herrschte Totenstille. Als sich der Marquis dem Tribunal bis auf sechs Schritt genähert hatte, übergab er die Marquise seinem jüngsten Sohn, trat drei Schritt vor seine Familie und forderte seinen Degen zurück. Der Degen wurde ihm überreicht, und im Augenblick, wo er ihn in die Hand bekam, zog er ihn fast ganz aus der Scheide: – er zeigte noch immer das strahlende Gesicht eines Freundes, den er einst aufgegeben hatte. Aufmerksam betrachtete er ihn vom Griff an in seiner ganzen Länge, als wolle er prüfen, ob es auch der richtige sei. Als er einen kleinen Rostfleck bemerkte, der sich an der Spitze gebildet hatte, musterte er ihn ganz nahe mit dem Auge und beugte den Kopf darüber. Ich glaube, ich sah eine Träne auf die Stelle fallen, und das Folgende zeigt, daß ich mich nicht getäuscht haben konnte.

»Ich werde«, sagte er, »einen anderen Weg finden, ihn zu entfernen.«

Nachdem der Marquis das gesagt hatte, schob er seinen Degen in die Scheide zurück, verbeugte sich vor dessen Hütern und ging mit Frau und Tochter, gefolgt von den beiden Söhnen, hinaus.

Oh, wie ich ihn um seine Gefühle beneidete!

Breviere f.
Tony Johannot

Beim Grafen von B. konnte ich ohne Schwierigkeiten Zutritt erlangen. Die Shakespeare-Ausgabe lag auf dem Tisch, und er blätterte gerade darin herum. Ich trat dicht an den Tisch heran, wobei ich die Bücher mit einem Blick betrachtete, der ihm zu verstehen geben sollte, daß ich sie recht gut kannte. Ich sagte ihm, ich habe niemand mitgebracht, der mich vorstellen könne, da ich wüßte, ich würde einen Freund in seinem Salon finden, der dies sicherlich für mich täte. »Es ist mein Landsmann, der große Shakespeare«, sagte ich und zeigte auf seine Werke, – »et ayez la bonté, mon cher ami«, fügte ich hinzu, Shakespeares Geist anredend, »de me faire cet honneur-là!«

Der Graf lächelte über das Einzigartige dieser Einführung, und da er sah, daß ich blaß und kränklich aussah, nötigte er mich, in einem Lehnstuhl Platz zu nehmen. Ich ließ mich also nieder, und um ihm bloße Vermutungen über einen so ungewöhnlichen Besuch zu ersparen, erzählte ich ihm ganz einfach den Vorfall in der Buchhandlung und wie ich mich dadurch veranlaßt fühlte, mit meinem Anliegen eher zu ihm als zu irgendeinem anderen Menschen in Frankreich zu gehn.

»Und was ist Ihr Anliegen? Lassen Sie mich hören«, sagte der Graf.

Daraufhin erzählte ich ihm die Geschichte genauso, wie ich sie dem Leser erzählt habe.

»Und der Wirt meines Hotels, Herr Graf«, sagte ich abschließend, »möchte mich durchaus in die Bastille wandern sehn: – doch mache ich mir deshalb keine Sorgen«, fuhr ich fort, »denn ich bin ja dem höflichsten Volk von der Welt in die Hände gefallen. Außerdem bin ich mir bewußt, daß ich als

ehrlicher Mann gekommen bin und nicht, um die Blöße des Landes auszuspionieren. Der Gedanke, ich sei schutzlos auf Gnade oder Ungnade angewiesen, ist darum kaum bei mir aufgetaucht. – Es wäre auch der sprichwörtlichen Tapferkeit der Franzosen abträglich, Herr Graf«, sagte ich, »wenn sie sie gegen Invaliden zeigen wollten.«
Dem Grafen von B. stieg eine lebhafte Röte in die Wangen, als ich das sagte. »Ne craignez rien – fürchten Sie nichts«, sagte er. »Das tue ich auch nicht«, gab ich wieder zurück und fuhr ein wenig scherzhaft fort: »Außerdem habe ich den ganzen Weg von London bis Paris gelacht, und ich glaube nicht, daß der Herzog von Choiseul ein solcher Feind der Heiterkeit ist und mich vor Schmerzen weinend zurückschickt. Meine Bitte an Sie, Herr Graf – (dabei machte ich eine tiefe Verbeugung) –, geht dahin, ihn zu ersuchen, das nicht zu tun.«
Der Graf hörte mich mit großem Wohlwollen an, sonst hätte ich nicht halb soviel gesagt – und er murmelte ein oder zweimal »C'est bien dit!« Dabei ließ ich meine Sache bewenden und beschloß, kein Wort mehr darüber zu verlieren. Der Graf führte nun die Unterhaltung. Wir sprachen über gleichgültige Dinge – über Bücher, über Politik und über die Männer; – und dann über die Frauen.
»Gott segne sie alle!« sagte ich nach einem langen Gespräch über dieses Thema, »kein Mann auf Erden liebt sie so wie ich. Ich liebe sie trotz aller Schwächen, die ich an ihnen kennengelernt, und trotz aller Schmähschriften gegen sie, die ich gelesen habe. Dabei bin ich fest überzeugt, ein Mann, der nicht eine gewisse Zuneigung zum ganzen Geschlecht hat, ist unfähig, ein einzelnes Geschöpf jemals zu lieben, wie er es lieben sollte.«
»Eh bien, Monsieur l'Anglais«, sagte der Graf belustigt, »Sie sind nicht gekommen, die Blöße des Landes auszukundschaften – ich glaube Ihnen; – und auch nicht, wie ich wohl

sagen darf, die unserer Frauen; – und gestatten Sie mir die Vermutung: – wenn sie Ihnen par hazard in den Weg liefen, so würden Sie die Aussicht darauf wohl nicht gerade sehr anziehend finden.«

Es gibt etwas in mir, das den Schock der leisesten zweideutigen Anspielung nicht verträgt. Oft habe ich mich bemüht, dieses Gefühl in der Scherzhaftigkeit kleiner Plaudereien zu überwinden, und mit unendlicher Anstrengung habe ich es gewagt, vor einem Dutzend des anderen Geschlechts tausend Dinge zu sagen, von denen ich das harmloseste nicht einer einzigen allein zu sagen imstande wäre, und könnte ich dadurch den Himmel gewinnen.

»Entschuldigen Sie, Herr Graf«, sagte ich, »was die Blöße Ihres Landes angeht – falls ich sie zu sehen bekäme –, so würde ich meine Blicke unter Tränen zu Boden senken; – was aber die Ihrer Frauen betrifft (ich errötete bei der Vorstellung, die er in mir geweckt hatte), so bin ich in dieser Hinsicht so keusch und habe ein solches Mitgefühl mit allem, was schwach an ihnen ist, ich würde sie mit einem Kleidungsstück verdecken, wenn ich nur wüßte, wie ich es ihnen anziehen sollte. – Doch ich könnte vielleicht«, fuhr ich fort, »die Nacktheit ihrer Herzen erkunden und durch den Schleier der verschiedenen Sitten, Klimata und Religionen hindurch herausfinden wollen, was gut an ihnen ist, um mein eigenes Herz danach zu bilden; – und deshalb bin ich tatsächlich auch hergekommen.«

»Aus diesem Grunde, Herr Graf«, fuhr ich fort, »habe ich das Palais Royal nicht gesehen und auch das Luxembourg nicht, noch die Fassade des Louvre, noch habe ich den Versuch unternommen, die große Zahl der schon vorhandenen Kataloge der Gemälde, Statuen und Kirchen zu vermehren. Ich sehe in jedem schönen Lebewesen einen Tempel und möchte viel lieber hineingehen und die Originalzeichnungen und flüch-

tigen Skizzen betrachten, die darin aufgehängt sind, als ihre Kopien, selbst wenn sie ein Raffael angefertigt hätte.«
»Mein Durst danach«, fuhr ich fort, »ist so heiß wie der, der die Brust eines Kunstkenners entflammt; er hat mich aus meiner Heimat nach Frankreich getrieben und wird mich von Frankreich aus quer durch Italien führen. Es ist eine geruhsame Reise des Herzens auf der Suche nach der Natur und jenen aus ihr entquellenden Regungen, die uns einander und die Welt besser lieben lehren, als wir es ohne sie tun.«
Der Graf sagte mir bei der Gelegenheit sehr viel Nettes und fügte auch sehr höflich hinzu, er sei Shakespeare sehr dafür verbunden, daß er mich mit ihm bekannt gemacht habe. »Doch apropos«, sagte er, »Shakespeare ist voll großer Dinge, aber er vergaß die Kleinigkeit, Ihren Namen zu nennen. Das nötigt Sie, es selbst zu tun.«

DER REISEPASS
VERSAILLES

Keine Situation bringt mich mehr in Verlegenheit, als wenn ich jemandem sagen muß, wer ich bin; denn es gibt kaum einen Menschen, über den ich nicht besser Auskunft geben könnte als über mich selbst. Ich wünschte oft, ich könnte es mit *einem* Wort tun – und dann Schluß damit. Hier war nun die einzige Gelegenheit in meinem Leben, wo mir das mit einigem Erfolg gelang; – denn der Shakespeare-Band lag noch auf dem Tisch, und ich erinnerte mich, daß ich in seinen Stücken vorkam. Ich griff den Hamlet heraus, schlug die Totengräberszene im fünften Akt auf, zeigte mit dem Finger auf den Namen Yorick und hielt dem Grafen das Buch hin, während mein Finger noch immer auf den Namen wies. »Me voici!« sagte ich.

Ob nun die Vorstellung vom Totenschädel des armen Yorick die Wirklichkeit meines eigenen aus dem Kopfe des Grafen verdrängte oder durch welche Zauberkraft sonst er einen Zeitraum von sieben- oder achthundert Jahren übersprang, ist für meine Erzählung gleichgültig; – sicher ist aber, die Franzosen fassen leichter auf als sie kombinieren; – ich wundere mich über nichts in der Welt und um so weniger darüber. Ist doch im gleichen Fall einer der Großen unserer Kirche, für dessen Lauterkeit und väterliche Gefühle ich die höchste Verehrung hege, in denselben Irrtum verfallen. Er könne es nicht ertragen, sagte er, Predigten zu lesen, die der Hofnarr des Königs von Dänemark geschrieben habe.
»Aber Mylord!« sagte ich, »es gibt doch zwei Yoricks. Der Yorick, den Eure Lordschaft im Sinne haben, ist seit achthundert Jahren tot und begraben: er war ein gefeierter Mann am Hof des Horwendillus. Der andere Yorick bin ich selbst, Mylord, und ich bin an keinem Hof gefeiert.« – Er schüttelte den Kopf. – »Mein Gott!« sagte ich, »Sie könnten ebensogut Alexander den Großen mit Alexander dem Kupferschmied verwechseln Mylord!«
– Das sei alles eins, erwiderte er.
»Wenn König Alexander von Mazedonien die Bücher Eurer Lordschaft hätte übersetzen können«, sagte ich, »würden Eure Lordschaft das sicher nicht sagen.«
Der arme Graf von B. verfiel in genau den gleichen Irrtum.
»Et Monsieur, est-il Yorick?« rief der Graf. – »Je le suis«, sagte ich. – »Vous?« – »Moi, – moi qui ai l'honneur de vous parlez, Monsieur le Comte.« –
»Mon Dieu!« sagte er und umarmte mich, »vous êtes Yorick!«
Der Graf schob augenblicklich den Shakespeare-Band in seine Tasche und ließ mich allein im Zimmer.

Ich konnte nicht begreifen, warum der Graf von B. so unvermittelt aus dem Zimmer gegangen war, und erst recht schien es mir unverständlich, warum er das Buch in die Tasche gesteckt hatte.

Geheimnisse, die sich von selbst aufklären müssen, lohnen den Aufwand an Zeit für Vermutungen darüber nicht.

Ich hielt es darum für besser, mittlerweile ein bißchen Shakespeare zu lesen. So griff ich 'Viel Lärm um Nichts' heraus und versetzte mich im Nu von meinem Stuhl, auf dem ich saß, nach Messina in Sizilien, wo ich mich so intensiv mit Don Pedro, Benedikt und Beatrice beschäftigte, daß ich weder an Versailles, noch an den Grafen, noch an den Reisepaß dachte.

Köstliche Beweglichkeit des menschlichen Geistes, der sich im Handumdrehn Illusionen hingeben kann, die Hoffnung und Sorge um ihre traurigen Momente bringen! Schon lange, lange hätten letztere meinen Erdentagen ein Ende bereitet, wäre ich nicht großenteils auf diesem verzauberten Boden gewandelt. Wenn mein Weg zu steinig für meine Füße oder zu steil für meine Kräfte wird, so weiche ich von ihm ab und begebe mich auf einen glatten, samtenen, von der Phantasie über und über mit Rosenknospen des Entzückens bestreuten Pfad und kehre gestärkt und erfrischt zurück, nachdem ich ein Stück darauf gewandert bin. – Wenn Kummer und Not mich arg bedrängen und es in dieser Welt keinen Zufluchtsort mehr gibt, dann schlage ich einen neuen Kurs ein: – ich verlasse sie – und da ich eine klarere Vorstellung von den elysischen Gefilden habe als vom Himmel, erzwinge ich mir wie Aeneas mit Gewalt den Zutritt zu ihnen. – Ich sehe, wie er

dem schwermütigen Schatten seiner verlassenen Dido begegnet und ihn zu erkennen versucht; – ich sehe, wie ihr gekränkter Geist müde das Haupt schüttelt und sich stumm vom Urheber ihrer Leiden und ihrer Schande abwendet. Dabei verlieren sich dann meine eigenen Gefühle in den ihren und in Empfindungen, die mich schon um sie trauern ließen, als ich noch zur Schule ging.
Man kann also nicht sagen, sie sei ein leerer Schatten; und ebensowenig versetzt sich ein Mensch vergebens durch einen Schatten in Unruhe: weit öfter tut er das, wenn er die Richtung seiner Seelenregungen allein der Vernunft anvertraut. Ich kann mit Bestimmtheit von mir sagen, daß ich niemals auch nur eine einzige Schlechtigkeit in meinem Herzen entscheidender besiegte, als wenn ich so schnell wie möglich ein freundliches und edles Gefühl heraufbeschwor, um sie auf ihrem eigenen Grund und Boden zu bekämpfen.
Als ich zum Schluß des dritten Aktes gekommen war, trat der Graf von B. mit meinem Reisepaß in der Hand zur Tür herein. »Der Herzog von C.«, sagte der Graf, »das kann man wohl sagen, ist ein ebenso guter Prophet wie Staatsmann. 'Un homme qui rit', sagte der Herzog, 'ne sera jamais dangereux'. – Wenn es nicht für den Hofnarren des Königs gewesen wäre«, fügte der Graf hinzu, »hätte ich den Paß nicht innerhalb zwei Stunden bekommen.«
»Pardonnez-moi, Monsieur le Comte«, sagte ich, »ich bin nicht der Hofnarr des Königs.« – »Aber Sie sind doch Yorick?« – »Ja.« – »Et vous plaisantez?« – Ich antwortete: Natürlich mache ich Späße, aber ich werde nicht dafür bezahlt; – es geschähe gänzlich auf meine Kosten.
»Wir halten keine Hofnarren, Herr Graf«, sagte ich. »Den letzten gab es unter der zügellosen Herrschaft Karls II. Seit dieser Zeit haben sich unsere Sitten allmählich so verfeinert, daß unser Hof so voller Patrioten ist, die auf weiter nichts be-

dacht sind, als ihrem Land Ehre und Reichtum zu verschaffen, – und unsere Damen sind alle so keusch, so rein, so gut und so fromm, für einen Hofnarren bleibt da einfach nichts übrig, worüber er einen Spaß machen könnte.«
»Voilà un persiflage!« rief der Graf.

DER REISEPASS
VERSAILLES

Der Paß war an alle Gouverneursleutnants, Gouverneure und Stadtkommandanten, Armeegenerale, Richter und Justizbeamten gerichtet und lautete, »Herrn Yorick, Hofnarr des Königs, samt seinem Gepäck ungehindert weiterreisen zu lassen«. Ich muß gestehen, der Triumph, einen Paß bekommen zu haben, wurde nicht wenig durch die Rolle getrübt, die ich darin spielte. – Doch es gibt nichts Vollkommenes in dieser Welt; und einige unserer ernsthaftesten Gottesgelehrten haben sich sogar zu der Behauptung verstiegen, selbst der Genuß sei von einem Seufzer begleitet, und der höchste, von dem sie wüßten, ende meist wenig besser als in einem Krampf.

Ich erinnere mich, daß der sittenstrenge und gelehrte Bevoriskius in seinem Kommentar zur Genealogie seit Adam ganz plötzlich mitten in einer Anmerkung abbricht, um der Welt die Beschreibung eines Spatzenpärchens auf seinem Fensterbrett zu geben, das ihn die ganze Zeit über beim Schreiben gestört und schließlich gänzlich von seiner Genealogie abgelenkt hatte.

»Es ist seltsam«, schreibt Bevoriskius, »doch stehen die Tatsachen fest, denn ich habe der Neugier halber jedesmal mit meiner Feder einen Strich gemacht: in der kurzen Zeit, in der ich die andere Hälfte dieser Anmerkung hätte niederschrei-

ben können, unterbrach mich das Männchen sage und schreibe dreiundzwanzig und ein halbes Mal mit der Wiederholung seiner Liebeshandlung.«
»Wie gnädig«, fügt Bevoriskius hinzu, »ist doch der Himmel allen seinen Geschöpfen!«
Unseliger Yorick! – daß der sittenstrengste deiner Brüder es über sich bringen sollte, für die Augen der Welt niederzuschreiben, was dir beim Kopieren das rote Blut in die Wangen treibt, selbst wenn du allein in deinem Arbeitszimmer sitzt. Doch hat das nichts mit meiner Reise zu tun, und ich bitte zweimal – zweimal dafür um Verzeihung.

DER CHARAKTER
VERSAILLES

»Und wie finden Sie die Franzosen?« fragte der Graf, nachdem er mir den Reisepaß gegeben hatte.
Der Leser kann wohl annehmen, daß ich nach einem so verpflichtenden Höflichkeitsbeweis nicht in Verlegenheit war, etwas Nettes auf diese Frage zu antworten.
»Mais passe, pour cela. – Sagen Sie ganz offen«, forderte er mich auf, »finden Sie so viel Urbanität in den Franzosen, wie uns die Welt zuzusprechen die Ehre gibt?« Ich hätte alle Anzeichen gefunden, sagte ich, die das bestätigten. – »Vraiment«, sagte der Graf, »les Français sont polis!« – »Im Übermaß«, erwiderte ich.
Der Graf stutzte bei dem Wort Übermaß und glaubte durchaus, ich habe damit mehr gemeint als gesagt. Ich verteidigte mich lange Zeit so gut ich konnte gegen diesen Verdacht: – er bestand darauf, ich halte etwas zurück und solle doch meine Meinung offen sagen.
»Ich glaube, Herr Graf«, sagte ich, »der Mensch hat, genau wie

ein Musikinstrument, einen gewissen Tonumfang, und die sozialen und anderen Anforderungen haben ihren festen Platz darin; und wenn man einen Ton zu hoch oder zu tief beginnt, so muß entweder oben oder unten eine Lücke im Harmoniesystem entstehn.«

Der Graf von B. verstand nichts von Musik und bat mich deshalb um eine andere Erklärung.

»Eine hochzivilisierte Nation, mein lieber Herr Graf«, sagte ich, »macht jede andere zu ihrem Schuldner; und außerdem hat Urbanität an sich, genau wie das schöne Geschlecht, so viele Reize, daß es völlig gegen das Herz ginge, wollte man sagen, sie könne Schaden anrichten. Und doch, glaube ich, hat die Vollkommenheit, die der Mensch, im großen und ganzen gesehen, erreichen kann, eine bestimmte Grenze: – gelangt er darüber hinaus, dann tauscht er eher die einen Vorzüge gegen andere aus, als er neue dazu erwirbt. Ich darf mich nicht unterfangen zu sagen, inwieweit das auf dem Gebiet, über das wir sprechen, die Franzosen betrifft; – doch sollte es jemals so weit kommen, daß die Engländer bei ihrer fortschreitenden Verfeinerung dieselbe Glätte der Umgangsformen erlangen, die die Franzosen auszeichnet, so würden wir, falls wir nicht die politesse du cœur verlören, die den Menschen mehr zu menschlichen als höflichen Handlungen geneigt macht, zumindest jene ausgeprägte Verschiedenheit und Originalität der Charaktere einbüßen, die uns nicht nur voneinander, sondern auch von der ganzen übrigen Welt unterscheidet.«

Ich hatte ein paar Schillinge aus König Wilhelms Zeit in der Tasche, die so glatt wie Glas waren, und da ich voraussah, sie würden mir bei der Erläuterung meiner Behauptung von Nutzen sein, nahm ich sie in die Hand, als meine Argumentation bis hierher gediehen war.

»Sehen Sie, Herr Graf«, sagte ich, indem ich aufstand und die Münzen vor ihn auf den Tisch legte, »durch siebzigjähriges

Gegeneinanderklimpern und -reiben in dieser oder jener Tasche sind sie einander so ähnlich geworden, daß man kaum einen Schilling vom anderen unterscheiden kann. Die Engländer hielten sich wie antike Münzen weit auseinander, und da sie durch weniger Hände gingen, bewahren sie noch heute die erste Ausprägung, die ihnen die zarte Hand der Natur verlieh. – Sie fühlen sich nicht so glatt an, aber dafür ist die Gravierung sehr deutlich, und man sieht auf den ersten Blick, wessen Bild und Aufschrift sie tragen. Die Franzosen dagegen, verehrter Herr Graf«, fügte ich hinzu, da ich das Gesagte abzuschwächen wünschte, »haben so viele Vorzüge, daß sie diesen um so leichter entbehren können; – sie sind ein so treues, tapferes, großmütiges, geistreiches und gutherziges Volk wie es nur eins unter dem Himmel gibt; – wenn sie einen Fehler haben – sie sind zu ernst.«

»Mon Dieu!« rief der Graf und sprang von seinem Stuhl. »Mais vous plaisantez«, sagte er, seinen Ausruf zügelnd.

Ich legte die Hand aufs Herz und versicherte ihm mit ernster Würde, das sei meine feste Meinung.

Der Graf sagte, er sei zutiefst betrübt, nicht länger verweilen und meine Beweisführung anhören zu können, doch sei er verpflichtet, augenblicks zur Mittagstafel des Herzogs von C. zu gehen.

»Wenn Ihnen aber der Weg nach Versailles nicht zu weit ist und Sie einmal mit mir speisen wollen, so bitte ich Sie, ehe sie Frankreich verlassen, mir das Vergnügen zu gönnen. Lassen Sie mich dann hören, wie Sie Ihre Meinung zurückziehen oder auf welche Weise Sie sie stützen. Sollten Sie sie aufrechterhalten, mein Herr Engländer, dann müssen Sie es mit allen Kräften tun; denn Sie haben die ganze Welt gegen sich.«

Ich versicherte dem Grafen, ich sei mir der Ehre bewußt und werde mit ihm speisen, bevor ich nach Italien aufbräche; – damit nahm ich meinen Abschied.

PARIS

Als ich vor dem Hotel aus dem Wagen stieg, teilte mir der Portier mit, eine junge Dame mit einer Hutschachtel habe gerade nach mir gefragt.
»Ich weiß nicht«, sagte der Portier, »ob sie schon wieder weggegangen ist oder nicht.«
Ich nahm meinen Zimmerschlüssel mit und ging hinauf. Auf den letzten zehn Stufen kam sie mir vom Treppenabsatz vor meiner Tür langsam entgegen. Auf den ersten Blick erkannte ich in ihr das Kammermädchen, mit dem ich den Quai de Conti entlanggegangen war. Madame de R. hatte sie mit einem Auftrag in ein Putzgeschäft ganz in der Nähe vom Hotel de Modène geschickt, und da ich meinem Versprechen nicht nachgekommen war, ihr meine Aufwartung zu machen, hatte sie ihr aufgetragen, sich zu erkundigen, ob ich Paris schon wieder verlassen, und wenn ja, ob ich nicht einen an sie adressierten Brief hinterlegt habe.
Da das schöne Kammermädchen meiner Tür so nahe war, kehrte sie um und ging mit mir auf einen Augenblick oder zwei in mein Zimmer, während ich ein paar Zeilen an Madame de R. schreiben wollte.
Es war ein schöner, stiller Abend gegen Ende des Monats Mai. Die hochroten Fenstervorhänge (die dieselbe Farbe wie die Bettvorhänge hatten) waren zugezogen; – die Sonne näherte sich dem Untergang und warf einen so warmen Farbton auf das schöne Antlitz des Kammermädchens: – ich bildete mir ein, sie errötete; – der Gedanke daran ließ mich selbst erröten; – wir waren ganz allein, und das trieb mir nun eine zweite Röte ins Gesicht, noch ehe die erste Zeit fand, sich zu verflüchtigen.

Es gibt eine Art angenehmes, halb schuldiges Erröten, von dem das Blut eher als der Verstand betroffen ist; – es wird ungestüm vom Herzen ausgesandt, und die Tugend fliegt hinterdrein, – doch gesellt sie sich nicht hinzu, um es zurückzurufen, sondern um die Empfindungen um so köstlicher für die Nerven zu machen.

Aber ich will das ja nicht beschreiben. – Ich fühlte zuerst etwas in mir, das nicht streng mit der Moralpredigt in Einklang stand, die ich ihr am Abend zuvor gehalten hatte. Fünf Minuten lang suchte ich nach Schreibpapier, obwohl ich wußte, daß ich keins besaß. Ich ergriff die Feder – ich legte sie wieder weg – meine Hand zitterte – der Teufel steckte in mir.

Ich weiß so gut wie sonst jemand, daß er ein Feind ist, der vor uns die Flucht ergreift, wenn wir ihm mannhaft widerstehen. Doch ich widerstehe ihm nur selten, und zwar aus Furcht, er könne mir im Kampf eine Wunde zufügen, wenn ich vielleicht auch den Sieg davontrüge. So tausche ich den Triumph gegen Sicherheit ein und fliehe gewöhnlich selbst, statt ihn in die Flucht zu schlagen.

Das schöne Kammermädchen trat dicht an den Schreibtisch heran, in dem ich nach Papier suchte.

Sie hob erst die Feder auf, die ich heruntergeworfen hatte, und erbot sich dann, mir das Tintenfaß zu halten; und sie erbot sich mit soviel Anmut, daß ich schon im Begriff war anzunehmen – doch ich durfte es nicht wagen.

»Ich finde nichts, meine Liebe«, sagte ich, »worauf ich schreiben könnte.« – »Schreiben Sie es«, sagte sie einfach, »auf irgend etwas.«

Ich wollte gerade hinausschreien: »Dann, schönes Mädchen, will ich es auf deine Lippen schreiben!«

»Wenn ich das tue«, sagte ich, »bin ich verloren.«

So nahm ich sie bei der Hand, führte sie zur Tür und bat sie, die Ermahnung nicht zu vergessen, die ich ihr gegeben hatte. Sie sagte, das wolle sie in der Tat nicht. Indem sie das mit einigem Ernst hervorbrachte, wandte sie sich um und legte beide Hände gefaltet in die meinen. In dieser Situation war es unmöglich, sie nicht zu drücken. Ich wollte sie eigentlich gern loslassen – und hielt sie doch weiter fest, während ich die ganze Zeit über innerlich heftig dagegen ankämpfte. Zwei Minuten später stellte ich fest, daß ich den ganzen Kampf mit mir selbst noch einmal von vorn durchstehen mußte; –beim bloßen Gedanken daran fühlte ich, wie meine Beine und jedes meiner Glieder zitterten.

Das Fußende des Bettes war nur eineinhalb Meter von der Stelle entfernt, an der wir standen. Noch immer hielt ich ihre Hände fest – (und wie es zuging, weiß ich nicht zu sagen) – ich bat sie nicht, noch zog ich sie noch dachte ich überhaupt an das Bett, und doch ergab es sich, daß wir uns darauf niedersetzten.

»Lassen Sie mich«, sagte das schöne Kammermädchen, »Ihnen meine kleine Börse zeigen, die ich heute für Ihre Krone gemacht habe.« Sie fuhr mit der Hand in ihre rechte Tasche – es war die Seite, auf der ich saß – und suchte eine Weile; – dann suchte sie in der linken. – Sie habe sie verloren. –

Niemals habe ich das Warten geduldiger ertragen; – schließlich fand sie sich doch in ihrer rechten Tasche; – sie holte sie heraus: sie war von grünem Taft, mit einem schmalen Saum von weißem, gestepptem Satin eingefaßt und gerade groß genug für eine Krone. Sie legte die Börse in meine Hand; sie war hübsch; und ich hielt sie zehn Minuten lang, wobei mein Handrücken auf ihrem Schoße ruhte, und blickte einmal auf ihre Börse, einmal knapp daran vorbei.

An den Falten meiner Halskrause waren ein paar Stiche aufgegangen. Das schöne Kammermädchen nahm, ohne ein

Wort zu verlieren, ihr niedliches Nähzeug her, fädelte Zwirn in eine kleine Nadel und nähte sie wieder an. Ich fürchtete, das würde ihren Sieg sichern, und wie sie so beim Nähen immer wieder stumm mit der Hand über meinen Nacken fuhr, fühlte ich den Lorbeerkranz erzittern, den mir meine Phantasie schon ums Haupt gewunden hatte.
Beim Gehen war ihr ein Schuhriemen aufgegangen, und die Schnalle ihres Schuhs war eben im Begriff herunterzufallen. »Sehen Sie nur«, sagte das Kammermädchen und hob ihren Fuß in die Höhe. Ich konnte bei meiner armen Seele nicht anders, als ihr aus Dankbarkeit die Schnalle zu befestigen. Als ich den Riemen wieder eingezogen hatte, hob ich den anderen Fuß gleichzeitig empor, um zu sehen, ob jetzt beide in Ordnung seien, – und da ich das zu plötzlich tat, brachte ich unweigerlich das schöne Kammermädchen aus dem Gleichgewicht – und dann –

DER SIEG

Ja – und dann! – Ihr, die ihr mit eiskaltem Kopf und lauwarmem Herzen eure Leidenschaften wegdiskutieren oder sie verbergen könnt, sagt mir doch, welches Verbrechen liegt darin, daß ein Mann Leidenschaften hat? Oder was anders hat denn sein Geist vor dem Vater der Geister zu verantworten als sein Verhalten unter ihrem Einfluß?
Wenn die Natur in ihren Teppich der Gefühle ein paar Fäden der Liebe und der Lust mit hineinverwoben hat, muß denn da das Ganze zerrissen werden, nur weil diese Fäden entfernt werden sollen? – Züchtige mir solche Stoiker, großer Beherrscher der Natur! sagte ich zu mir selbst. Wohin deine Vorsehung mich auch stellen mag, um meine Tugend zu prüfen, wie groß auch die Gefahr, wie immer die Lage – lasse mich die

QUARTLEY.

Regungen spüren, die daraus erwachsen und die als Mann zu mir gehören. Und wenn ich als guter Mensch Herr über sie bleibe, so will ich das Ende deiner Gerechtigkeit anvertrauen; denn du hast uns gemacht und nicht wir uns selbst.
Nach dieser Ansprache hob ich das schöne Kammermädchen bei der Hand auf und führte sie aus dem Zimmer. Sie stand dicht neben mir, bis ich die Tür verschlossen und den Schlüssel in die Tasche gesteckt hatte – und erst dann, als der Sieg völlig sicher war – und nicht eher –, drückte ich meine Lippen auf ihre Wange, nahm sie bei der Hand und geleitete sie wohlbehalten zur Tür des Hotels.

DAS GEHEIMNIS
PARIS

Wer das menschliche Herz kennt, wird wissen, daß es mir unmöglich war, sogleich in mein Zimmer zurückzukehren. Es wäre dasselbe gewesen, als hätte ich am Ende eines Musikstücks, das alle meine Gefühle erregte, einen kalten Akkord mit einer kleinen Terz angeschlagen. Darum blieb ich eine Weile an der Hoteltür stehen, nachdem ich die Hand des Kammermädchens losgelassen hatte, betrachtete die Vorübergehenden und stellte Vermutungen über sie an, bis meine Aufmerksamkeit von einem einzigen Gegenstand gefesselt wurde, der alle logischen Betrachtungen über den Haufen warf.
Es war eine große Gestalt mit einem philosophischen, ernsten traurigen Blick, die ruhig die Straße auf und ab ging. Etwa sechzig Schritt zu beiden Seiten der Hoteltür machte er jedesmal kehrt. Der Mann konnte ungefähr zweiundfünfzig Jahre alt sein, – er trug einen dünnen Stock unter dem Arm und war bekleidet mit einem dunklen, erdfarbenen Rock,

einer Weste und einer Hose, die schon einige Jahre in Gebrauch zu sein schien. Dennoch war alles sauber, und ein leiser Hauch ärmlicher Gediegenheit haftete an ihm. An der Bewegung, mit der er den Hut zog, und an der Haltung, mit der er sich den meisten Vorübergehenden näherte, bemerkte ich, daß er um Almosen bat.

Ich nahm also ein paar Sous aus der Tasche, um sie ihm zu geben, wenn die Reihe an mir wäre. Er ging aber an mir vorüber, ohne mich um eine Gabe anzuhalten, und dennoch bat er nicht fünf Schritt von mir entfernt eine kleine Frau um ein Almosen. – Dabei war es viel wahrscheinlicher, daß von uns beiden ich derjenige war, der ihm etwas gegeben hätte. Kaum war er mit der Frau fertig, als er seinen Hut schon wieder vor einer anderen zog, die desselben Wegs daherkam. Ein alter Herr näherte sich langsam und nach ihm ein fescher junger Bursche. Er ließ sie beide passieren und bat um nichts. Ich beobachtete ihn eine halbe Stunde, während der er ein Dutzend Mal auf und ab ging, und stellte fest, daß er unabänderlich denselben Plan verfolgte.

Zwei Dinge waren daran sehr ungewöhnlich; – sie setzten mein Hirn in Tätigkeit, doch vergebens; – das erste war: warum erzählte der Mann seine Geschichte nur dem schwachen Geschlecht? – Und das zweite: was für eine Geschichte und welche Art von Beredsamkeit mochte es sein, die die Herzen der Frauen rührte, von der er aber wußte, es sei zwecklos, sie an Männern zu erproben?

Zwei andere Umstände verschleierten das Geheimnis: – erstens flüsterte er das, was er zu sagen hatte, jeder Frau in einer Art ins Ohr, die mehr den Charakter eines Geheimnisses als den einer Bitte trug; – und dann: er hatte immer Erfolg. Niemals hielt er eine Frau an, die nicht ihre Börse zog und ihm augenblicklich etwas gab.

Ich konnte kein System finden, das diese Erscheinung erklärte. Nun hatte ich also ein Rätsel, mit dem ich mich den Rest des Abends beschäftigen konnte; und so stieg ich die Treppe hinauf in mein Zimmer.

DAS GEWISSEN
PARIS

Der Wirt des Hotels folgte mir unmittelbar auf dem Fuße. Er kam in mein Zimmer und sagte mir, ich müsse anderswo ein Unterkommen suchen.

»Warum denn das, mein Freund?« fragte ich. Er antwortete, ich hätte mich an jenem Abend zwei Stunden mit einer jungen Dame in mein Schlafzimmer eingeschlossen, und das sei gegen die Ordnung des Hauses.

»Nun gut« sagte ich, »gehen wir als Freunde auseinander – denn das Mädchen ist deshalb nicht schlechter – und ich bin auch nicht schlechter – und Sie sind noch gerade so, wie ich Sie antraf.«

»Es hat gereicht, den Ruf des Hotels zu beflecken. Vous voyez, Monsieur«, sagte er und zeigte auf das Fußende des Betts, auf dem wir gesessen hatten.

Ich gebe zu, es hatte etwas vom Anschein eines Beweises, doch mein Stolz ließ es nicht zu, daß ich ihm alle Einzelheiten des Falles auseinandersetzte, und so gab ich ihm den guten Rat, seine Seele in Frieden schlafen zu lassen – was ich auch mit meiner zu tun beschloß – und sagte ihm, ich wolle beim Frühstück zahlen, was ich ihm schuldig sei.

»Es wäre mir gleichgültig, Monsieur«, sagte er, »wenn Sie dreißig Mädchen gehabt hätten–« – »Das ist ein halbes Schock mehr«, unterbrach ich ihn, »als ich mir je träumen ließ.« – »Vorausgesetzt«, fuhr er fort, »es wäre vormittags gewesen.« – Hängt denn in Paris der Grad der Sündhaftigkeit von der Tageszeit ab?« – Sie bestimme, sagte er, das Ausmaß des Skandals.

Eine strenge Unterscheidung ist ganz nach meinem Geschmack, und ich kann nicht behaupten, daß ich dem Mann so schrecklich böse gewesen wäre.

»Natürlich«, nahm der Wirt wieder das Wort, »muß ein Fremder in Paris Gelegenheit erhalten, Spitzen, seidene Strümpfe, Manschetten – et tout cela – zu kaufen. Es ist also weiter nichts dabei, wenn eine Frau zu ihm kommt, die einen Pappkarton bei sich hat.« – »Auf Ehre und Gewissen«, sagte ich, »sie hatte einen, aber ich habe nicht hineingeschaut.« – »Dann, Monsieur«, sagte er, »haben Sie nichts gekauft?« – »Nicht die kleinste Kleinigkeit«, erwiderte ich. – »Aber«, sagte er, »ich könnte Ihnen eine empfehlen, die Sie ganz en conscience bedienen würde.« – »Dann müßte sie aber noch heute abend kommen«, sagte ich. – Er verbeugte sich tief vor mir und ging hinunter.

»Jetzt werde ich über diesen Wirt triumphieren!« rief ich. »Doch was dann? – Dann werde ich ihn spüren lassen, daß ich weiß, was für ein schmutziger Bursche er ist. – Und was dann?« – Was dann! – Ich war zu sehr mit mir selbst beschäftigt, um geltend machen zu können, es gehe um die anderen. – Ich hatte keine gute Antwort mehr übrig; – es lag mehr Launenhaftigkeit als Grundsatz in meinem Vorhaben, und es war mir zuwider, noch ehe es anfing.

Ein paar Minuten später erschien die Grisette mit ihrer Spitzenschachtel. »Ich werde aber nichts kaufen«, sagte ich mir im Inneren.

Die Grisette wollte mir durchaus alles zeigen. Ich war schwer zu befriedigen; – sie schien es nicht bemerken zu wollen. Sie öffnete ihren kleinen Laden und legte ihre Spitzen eine nach der anderen vor mich hin, breitete sie aus und faltete sie mit der geduldigsten Anmut wieder zusammen. – Ob ich nun

kaufen wolle oder nicht – ich könne alles zu einem von mir bestimmten Preise haben. – Das arme Geschöpf schien ängstlich darauf bedacht, ein paar Pfennige zu verdienen, und präsentierte sich, um mich zu gewinnen, nicht so sehr in einer raffinierten Art als in einer, die auf mein Gefühl einfach und liebevoll wirkte.
Wenn ein Mann nicht über einen Vorrat an ehrlicher Leichtgläubigkeit verfügt, um so schlimmer für ihn; – mein Herz jedenfalls wurde weich, und ich gab meinen zweiten Vorsatz ebenso still auf wie den ersten.
Warum sollte ich die eine züchtigen für den Fehltritt einer anderen? Und wenn du diesem Tyrannen von Wirt zinspflichtig bist, dachte ich und sah ihr ins Gesicht, um so saurer verdienst du dein Brot.
Selbst wenn nicht mehr als vier Louisdors in meiner Börse gewesen wären, ich hätte nicht eher aufstehn und ihr die Tür weisen können, bis ich drei davon für ein Paar Manschetten ausgegeben hätte.
»Der Wirt des Hotels wird den Gewinn mit ihr teilen.« – »Macht nichts – dann habe ich eben nur bezahlt – wie so mancher arme Tropf vor mir – für einen Akt, den er nicht vollziehen und an den er vielleicht nicht einmal denken durfte.«

DAS RÄTSEL
PARIS

Als La Fleur heraufkam, um mir das Abendessen zu servieren, erzählte er mir, wie sehr es der Wirt bedaure, mich mit seiner Aufforderung, ich solle das Haus verlassen, beleidigt zu haben.
Ein Mann, der eine gute Nachtruhe zu schätzen weiß, legt sich

nicht mit Feindseligkeit im Herzen nieder, wenn er es vermeiden kann. So trug ich La Fleur auf, dem Wirt mitzuteilen, es täte mir meinerseits leid, ihm Veranlassung dazu gegeben zu haben. »Und du kannst ihm sagen, wenn du willst, La Fleur«, ergänzte ich, »sollte die junge Dame wiederkommen, so werde ich sie nicht empfangen.«

Das war ein Opfer, das ich nicht ihm, sondern mir selbst brachte; denn ich hatte beschlossen, da ich gerade noch mit einem blauen Auge davongekommen war, mich auf kein Risiko mehr einzulassen, sondern, wenn möglich, Paris mit aller Tugend wieder zu verlassen, die ich mitgebracht hatte.

»C'est déroger á la noblesse, Monsieur«, sagte La Fleur und verbeugte sich dabei bis zum Fußboden. Et encore, sagte er, Monsieur möchten vielleicht seine Meinung ändern – und wenn er (par hazard) sich vielleicht amüsieren wolle – »Ich finde kein Vergnügen dabei«, unterbrach ich ihn.

»Mon Dieu!« sagte La Fleur und räumte den Tisch ab.

Eine Stunde später kam er wieder, um mich ins Bett zu bringen, und zeigte sich diensteifriger als gewöhnlich. – Es lag ihm etwas auf der Zunge, was er mir sagen oder was er mich fragen wollte, aber er brachte es nicht heraus. Ich konnte mir nicht denken, was es war, und gab mir auch wenig Mühe, es herauszufinden, da mich ein anderes, viel interessanteres Rätsel beschäftigte: nämlich das des Mannes, der vor der Hoteltür bettelte.

Ich hätte alles hingegeben, wenn ich dadurch der Sache auf den Grund gekommen wäre; und das nicht etwa aus Neugier – sie ist im allgemeinen ein so niedriges Forschungsprinzip: ich würde mir ihre Befriedigung nicht mit einem Zwei-Sous-Stück erkaufen; – doch ein Geheimnis, bildete ich mir ein, das so rasch und so sicher das Herz jeder Frau, die es erfährt, erweichen läßt, ist ein Geheimnis, das mindestens dem Stein der Weisen gleichkommt. Hätten mir beide Indien gehört, ich hätte eins dafür gegeben, dies Geheimnis zu besitzen. Ich zerbrach mir fast die ganze Nacht den Kopf darüber, doch vergebens, und als ich am anderen Morgen erwachte, war ich ebenso verwirrt durch meine Träume wie nur jemals der König von Babylon durch seine. Und ich zögere nicht zu behaupten, sie zu deuten, hätte alle weisen Männer von Paris in die gleiche Verlegenheit gebracht wie damals die von Chaldäa.

DER SONNTAG
PARIS

Es war Sonntag, und als La Fleur morgens mit Kaffee, Brötchen und Butter hereintrat, sah er so stattlich aus, daß ich ihn kaum wiedererkannte.

Ich hatte in Montreuil versprochen, ihm einen neuen Hut mit Silberknopf und Silberschleife und dazu vier Louisdors zu schenken, damit er sich hübsch machen könne, sobald wir nach Paris kämen, und der arme Bursche hatte Wunder damit getan, das muß man ihm lassen.

Er hatte einen guterhaltenen, leuchtenden, sauberen, scharlachroten Rock und eine ebensolche Hose gekauft. Beides sei zwar schon getragen, sagte er, aber deshalb nicht eine einzige Krone weniger wert. – Ich wünschte ihn zum Henker, wie er mir das sagte. – Der Anzug sah so neu aus, obwohl ich wußte, es war unmöglich, würde ich doch meiner Phantasie viel lieber weisgemacht haben, ich hätte ihn dem Burschen neu gekauft als zugegeben, er stamme aus der Trödlergasse. Doch ist dies ein Zartgefühl, das in Paris niemandem das Herz schwer macht.

Er trug außerdem eine hübsche, blaue, reichlich phantasievoll bestickte Satinweste. Sie war in der Tat etwas schäbig geworden durch die Dienste, die sie schon geleistet hatte, doch sauber gewaschen; – das Gold war wieder aufgefrischt, und im großen und ganzen sah sie ziemlich pomphaft aus; – und da das Blau nicht zu kräftig leuchtete, paßte sie ganz gut zu Rock und Hose. Er hatte es fertiggebracht, von dem Geld auch noch einen Haarbeutel und einen Solitär zu kaufen und beim Trödler noch dazu auf einem Paar goldene Kniebänder für seine Hose bestanden. Mit vier Franken seines eigenen Geldes hatte er schön gestickte Musselinmanschetten erworben und ein Paar weiße Seidenstrümpfe für fünf weitere, – und um allem die Krone aufzusetzen, hatte ihm die Natur eine stattliche Figur gegeben, die ihn keinen Sou kostete.

So ausstaffiert betrat er das Zimmer, das Haar nach der neuesten Mode zurechtgemacht und mit einem hübschen Sträußchen im Knopfloch. – Mit einem Wort, alles an ihm trug den Stempel der Feierlichkeit, was mich sogleich daran erinnerte, daß Sonntag war. Und als ich beides miteinander verband, schoß es mir augenblicklich durch den Kopf, er habe mich am Abend zuvor wohl bitten wollen, den Tag so verbringen zu dürfen, wie ihn jeder andere in Paris verbringt. Kaum hatte ich diese Vermutung angestellt, als La Fleur mit unendlicher Demut, doch mit einem vertrauenden Blick, als könne ich ihn nicht zurückweisen, mich darum bat, ich möchte ihm den Tag freigeben, pour faire le galant vis-à-vis de sa maîtresse.

Eben das wollte ich selbst vis-à-vis Madame de R. tun. Zu diesem Zweck hatte ich die Kutsche zurückgehalten, und es hätte meiner Eitelkeit nicht geschadet, wenn ein so gut angezogener Diener wie La Fleur hinten aufgestiegen wäre. Ich hätte kaum jemals schwerer auf ihn verzichten können. Doch in solchen Bedrängnissen müssen wir *fühlen*, nicht rechten. Die Söhne und Töchter der Dienstbarkeit entsagen in ihren Kontrakten der Freiheit, doch nicht der Natur. Sie sind Fleisch und Blut und haben ebenso wie ihre Herrschaften ihre Eitelkeiten und Wünsche mitten im Haus der Knechtschaft. Freilich lassen sie sich ihre Selbstverleugnung bezahlen, und sie erwarten so unvernünftig viel, ich würde sie oft enttäuschen, wenn ihre Lage es nicht so sehr in meine Macht stellte, es auch wirklich tun zu können.

»Siehe – siehe, ich bin dein Knecht!« – das raubt mir auf einmal die Macht eines Dienstherrn.

»Du kannst gehn, La Fleur«, sagte ich. »Doch was für ein Schätzchen, La Fleur, kannst du dir in so kurzer Zeit in Paris angelacht haben?«

La Fleur legte die Hand auf die Brust und sagte, es sei ein kleines Fräulein aus dem Hause des Grafen von B. La Fleur's Herz war für Gesellschaft gemacht, und, um die Wahrheit über ihn zu sagen – er ließ so selten eine Gelegenheit ungenützt wie sein Herr. Auf die eine oder andere Weise – doch wie, weiß der Himmel – hatte er mit dem Fräulein auf dem Treppenabsatz angebändelt, während ich mit meinem Reisepaß beschäftigt war. Und da für mich die Zeit reichte, den Grafen für meine Interessen zu gewinnen, war es La Fleur auch gelungen, die Jungfer für die seinen zu gewinnen. Die Dienerschaft, so schien es, sollte an diesem Tage in Paris sein, und er hatte sich mit dem Mädchen und zwei oder drei anderen aus dem Haushalt des Grafen auf dem Boulevard verabredet.

Glückliches Völkchen! das wenigstens einmal in der Woche mit Sicherheit alle Sorgen beiseite legen und die drückende Last des Kummers, die den Geist anderer Nationen zu Boden beugt, hinwegtanzen und singen und scherzen kann.

DAS FRAGMENT
PARIS

La Fleur hinterließ mir etwas, womit ich mir den ganzen Tag die Zeit besser vertrieb, als ich erwartete oder je in seinen oder meinen Kopf gekommen wäre.

Er hatte das kleine Stück Butter auf einem Weinblatt gebracht, und da der Morgen warm war und er es ein gutes Stück tragen mußte, hatte er um einen Bogen Papier gebeten, das er zwischen Weinblatt und Hand legen konnte.

Da dies genug Unterlage bildete, hieß ich ihn, es so auf den Tisch zu legen, wie es war. Als ich dann beschloß, den ganzen Tag das Haus nicht zu verlassen, befahl ich ihm, zum Küchenmeister zu gehn und mein Mittagessen zu bestellen und mich beim Frühstück alleinzulassen.

Nachdem ich die Butter aufgegessen hatte, warf ich das Weinblatt aus dem Fenster und wollte das auch mit dem Stück Papier tun. Es war aber bedruckt, und ich hielt inne, um eine Zeile zu lesen, und das führte mich zu einer zweiten und dritten. – Ich hielt das Papier für wertvoll, machte das Fenster zu, zog einen Stuhl heran und setzte mich nieder, um es ganz zu lesen.

Es war im alten Französisch der Zeit von Rabelais geschrieben und, was weiß ich, mochte vielleicht aus seinen Werken stammen. Dazu war es in gotischen Buchstaben und durch Feuchtigkeit und Länge der Zeit so verblichen und verwischt, daß es mir unendliche Mühe bereitete, einen Sinn herauszubekommen.

Ich warf es weg und schrieb einen Brief an Eugenius – dann hob ich es wieder auf und stellte meine Geduld erneut auf die Probe;–und um das wiedergutzumachen, schrieb ich einen Brief an Elisa. – Doch es ließ mich noch immer nicht los, und

die Schwierigkeit, es zu entziffern, stärkte mein Verlangen danach.
Als ich zu Mittag gespeist und meinen Geist durch eine Flasche Burgunder erleuchtet hatte, ging ich wieder daran – und nach zwei oder drei Stunden angestrengten Grübelns – mit fast so viel profunder Konzentration wie Gruter oder Jacob Spon jemals auf eine unentzifferbare Inschrift richteten – glaubte ich, es ergäbe sich ein Sinn. Ich hielt es für das beste – um ganz sicherzugehn – das Ganze ins Englische zu übertragen und festzustellen, wie es dann aussähe. Mit aller Ruhe eines spielenden Mannes machte ich mich daran, schrieb manchmal einen Satz, ging darauf ein paarmal im Zimmer herum und schaute zum Fenster hinaus auf das Getriebe der Welt. So wurde es neun Uhr abends, ehe ich die Arbeit beendete. Da las ich dann das Folgende:

DAS FRAGMENT
PARIS

Da nun die Frau des Notars mit allzu großer Hitze über diesen Punkt mit dem Notar stritt, sagte der Notar (indem er das Pergament zu Boden warf):
»Ich wünschte, es wäre ein anderer Notar hier, bloß um das alles aufzuschreiben und zu beglaubigen.« »Und was würdet Ihr da tun, Monsieur?« fragte sie und sprang hastig auf. – Die Frau des Notars war ein kleiner Hitzkopf, und der Notar hielt es für besser, durch eine gemäßigte Antwort einen Sturm zu vermeiden. »Ich würde«, antwortete er, »zu Bette gehn.« – »Zum Teufel kannst du gehn!« antwortete die Frau.
Nun ergab es sich aber, daß nur ein Bett im Hause war und die anderen beiden Räume leer standen, wie das in Paris üblich ist, und da der Notar sich nichts davon versprach, mit einer

Frau im selben Bett zu liegen, die ihn soeben noch mir nichts dir nichts zum Teufel geschickt hatte, nahm er Hut, Stock und Mantel – denn die Nacht war sehr windig – und verließ in schlechter Stimmung das Haus in Richtung auf die Pont Neuf.
Von allen Brücken, die je gebaut worden sind, ist die Pont Neuf – wie jeder zugeben muß, der darüber gegangen ist – die erhabenste, schönste, großartigste, leichteste, längste, breiteste, die jemals auf diesem aus Land und Wasser geformten Erdball Land und Land miteinander verbunden hat. (Hiernach scheint es, als wäre der Autor des Fragments kein Franzose gewesen.)
Der schlimmste Vorwurf, den die Theologen und Doktoren der Sorbonne dagegen erheben können, ist der: wenn auch nur eine Mütze voll Wind in oder um Paris weht, wird er dort gotteslästerlicher verflucht als an irgendeiner anderen freien Stelle der ganzen Stadt, und das, meine Herren, aus guten und zwingenden Gründen, denn er pfeift einem entgegen, ohne zu rufen: garde d'eau!, und in solchen unerwarteten Stößen, daß von den wenigen Leuten, die mit dem Hut auf dem Kopf drüber gehen, höchstens einer von fünfzig nicht zweieinhalb Franken aufs Spiel setzt, welches der volle Preis eines Hutes ist.
Der arme Notar ging gerade am Wachtposten vorüber, als er instinktiv mit dem Stock an die Seite seines Hutes fuhr; doch wie er ihn nach oben führte, verfing sich die Spitze des Stocks mit der Schnur am Hute der Schildwache und warf ihn über die Brüstung hinweg genau in die Seine.
»'s ist ein böser Wind«, sagte ein Schiffer, der ihn auffing, »der niemandem etwas zubläst.«
Der Wachtposten, ein Gascogner, zwirbelte unverzüglich seinen Schnauzbart und legte die Muskete an.
Musketen wurden in jenen Tagen mit Lunten abgefeuert. Da

der Wind gerade die Papierlaterne einer alten Frau am anderen Ende der Brücke ausgeblasen und sie sich die Lunte des Postens geliehen hatte, um sie wieder anzuzünden, fand der Gascogner einen Augenblick Zeit, sein Blut abkühlen zu lassen und das Mißgeschick besser zu seinem Vorteil zu wenden. »'s ist ein böser Wind«, sagte er, riß dem Notar den Biberhut vom Kopf und rechtfertigte die Erbeutung mit dem Sprichwort des Schiffers.

Der arme Notar überquerte die Brücke, und während er durch die Rue de Dauphine nach dem Faubourg de St. Germain wanderte, beklagte er sein Los in der folgenden Weise: –

»Ich unglücklicher Mensch! Mein Lebtag bin ich das Spiel von Stürmen! Ich bin nur geboren, damit sich der Sturm böser Zungen überall gegen mich und meinen Beruf richtet! Durch den Donner der Kirche bin ich in eine Ehe mit einem Orkan von einer Frau hineingetrieben worden! Häusliche Stürme haben mich aus dem Hause gejagt, pontifikalische haben mir den Biberhut genommen, und jetzt stehe ich hier, barhäuptig, in einer stürmischen Nacht, Ebbe und Flut der Unfälle ausgeliefert! Wohin soll ich mein müdes Haupt legen? Elender! Welcher Wind der zweiunddreißig Himmelsrichtungen kann dir schon Gutes bringen, wie er deinen Mitmenschen Gutes bringt!«

Als der Notar, auf diese Weise seinem Kummer Luft machend, an einem dunklen Durchgang vorüberkam, rief eine Stimme nach einem Mädchen und befahl ihr, den nächsten Notar zu holen. Der nächstbeste war aber nun unser Notar, der auch gleich die Gelegenheit beim Schopf packte. Er eilte durch den Gang zur Tür, kam durch eine Art alten Salon und wurde in ein großes Zimmer geführt, das bis auf eine lange Militärpinke, einen Brustpanzer, ein rostiges altes Schwert und ein Wehrgehänge, an vier gleichweit voneinander ent-

fernten Stellen der Wand befestigt, allen Schmucks beraubt war.
Ein alter Mann, der ehedem ein Edelmann gewesen und, wenn der Verfall des Wohlstands nicht auch das Blut verdirbt, noch einer war, lag im Bett und stützte den Kopf mit der Hand. Ein kleiner Tisch mit einer brennenden Kerze stand dicht daneben und dicht neben dem Tisch ein Stuhl. Der Notar ließ sich darauf nieder, zog sein Tintenfaß und mehrere Blatt Papier aus der Tasche und legte sie vor sich hin. Er tauchte die Feder ein, beugte den Oberkörper über den Tisch und machte alles bereit für Testament und letzten Willen des Edelmanns. »Ach, Herr Notar«, sagte der Edelmann und richtete sich ein wenig auf, »ich hinterlasse nichts, was die dabei entstehenden Unkosten decken würde, außer meiner eigenen Lebensgeschichte. Und ich könnte nicht beruhigt sterben, wenn ich sie nicht der Welt als Erbe vermachte. Den Erlös daraus schenke ich Ihnen für die Mühe, sie nach meinen Worten aufzuschreiben. Es ist eine so ungewöhnliche Geschichte, alle Welt muß sie lesen. Sie werden damit das Glück Ihres Hauses machen.«
Der Notar tauchte die Feder ins Tintenfaß.
»Allmächtiger Lenker meines Lebensgeschicks«, sagte der alte Mann, indem er mit ernster Miene in die Höhe schaute und seine Hände dem Himmel entgegenstreckte, »du, dessen Hand mich durch solch ein Labyrinth seltsamer Gänge bis zu diesem Schauplatz des Jammers herabgeführt hat, stärke das schwindende Gedächtnis eines alten, kranken, gebrochenen Mannes! Lenke meine Zunge durch den Geist deiner ewigen Wahrheit, damit dieser Fremde nichts niederschreibt, was nicht in jenem Buch geschrieben steht«, sagte er und faltete die Hände, »nach dem ich verdammt oder erlöst werde.«
Der Notar hielt die Spitze seiner Feder zwischen die Kerze und sein rechtes Auge.

»Es ist eine Geschichte, Herr Notar«, sagte der Edelmann, »die jedes natürliche Mitgefühl erweckt. – Sie wird die Menschenfreunde zutiefst erschüttern und selbst das Herz der Grausamkeit vor Mitleid rühren.«
Der Notar brannte vor Verlangen, endlich anzufangen, und fuhr zum dritten Male mit der Feder ins Tintenfaß; – da wandte sich der alte Herr etwas näher dem Notar zu und begann mit folgenden Worten seine Geschichte zu erzählen: »–
»Und wo ist der Rest, La Fleur?« sagte ich, als er in diesem Augenblick ins Zimmer trat.

DAS FRAGMENT UND DAS BUKETT
PARIS

Nachdem La Fleur dicht an den Tisch herangekommen war und begriffen hatte, was ich wollte, eröffnete er mir, es gäbe davon nur noch zwei Blätter. Er habe die Stengel eines Buketts damit eingewickelt, um es zusammenzuhalten, und es seinem Mädchen auf dem Boulevard geschenkt. »Dann gehe bitte zu ihr, La Fleur«, sagte ich, »zur Villa des Grafen von B., und sieh zu, daß du sie wiederbekommst.« – »Das ist ganz sicher«, erwiderte La Fleur und machte sich blitzschnell auf den Weg.
Schon nach sehr kurzer Zeit kam der arme Bursche ganz außer Atem zurück. In seinem Gesicht standen die Zeichen der Enttäuschung viel tiefer eingeschrieben, als es durch die Unmöglichkeit, die Fragmente wieder herbeizuschaffen, der Fall sein konnte.
»Juste ciel!« – Kaum zwei Minuten, nachdem der arme Bursche mit einem letzten zärtlichen Abschied von ihr gegangen war, da hatte sein treuloses Schätzchen das in mein Fragment

gehüllte Unterpfand der Liebe auch schon einem Diener des Grafen geschenkt, – der Diener wiederum einer jungen Näherin – und die Näherin einem Geiger.

»Unser beider Mißgeschick hängt eng zusammen.« Ich stieß einen Seufzer aus, und La Fleur gab ihn wieder zurück.

»Welch schändliche Treulosigkeit!« rief La Fleur.–

»Wie schade«, sagte ich.

»Es träfe mich nicht so schwer, Monsieur«, erklärte La Fleur, »wenn sie ihn verloren hätte.« – »Mich auch nicht, La Fleur«, antwortete ich, »wenn ich sie gefunden hätte.«

Ob ich sie gefunden habe oder nicht, wird der Leser später noch erfahren.

DIE BARMHERZIGE GABE
PARIS

Der Mann, der sich nicht herabläßt oder der sich fürchtet, in eine dunkle Gasse hineinzugehen, mag ein ausgezeichneter und in hundert Dingen tüchtiger Mensch sein, doch er wird niemals einen guten Empfindsamen Reisenden abgeben. Ich halte nur wenig von den vielen Dingen, die sich am hellen Mittag und auf breiter, offener Straße abspielen.

Die Natur ist scheu und zeigt sich nicht gern vor Zuschauern. Doch in solchen versteckten Winkeln kann man sie manchmal eine kurze Szene spielen sehen, die wertvollere Empfindungen weckt als ein Dutzend französischer Dramen zusammengenommen, obwohl diese doch absolut großartig sind.

Jedesmal, wenn ich eine mehr als gewöhnlich glänzende Affäre erlebt habe, nehme ich normalerweise auch meinen Predigttext daraus; denn sie eignet sich für einen Prediger ebenso wie für einen Helden; – und der Text 'Cappadozien,

Pontus und Asien, Phrygien und Pamphylien' ist so gut wie nur einer in der Bibel.

Von der Komischen Oper führt ein langer dunkler Durchgang in eine enge Gasse hinein. Er wird nur von den wenigen benutzt, die demütig auf eine Kutsche warten oder still zu Fuß nach Hause gelangen wollen, wenn die Oper aus ist. An dem Ende nach dem Theater zu wird er von einer kleinen Lampe erleuchtet, deren Licht aber nur die unmittelbare Nähe der Tür erhellt und kaum bis zur Mitte des Durchgangs dringt. Sie ist mehr des Schmucks als des Nutzens wegen da: man kann sie sehen wie einen Fixstern kleinster Größe; er leuchtet – doch er bringt der Welt wenig Nutzen, von dem wir etwas wissen.

Als ich durch diesen Gang zurückkam, bemerkte ich fünf bis sechs Schritt von der Tür entfernt zwei Damen. Sie standen Arm in Arm, mit dem Rücken an die Mauer gelehnt, und warteten anscheinend auf eine Kutsche. Da sie der Tür näher waren, glaubte ich, es käme ihnen ein Vorrecht zu; so näherte ich mich ihnen bis auf einen Meter oder etwas mehr und blieb dann ruhig stehen. Ich war in Schwarz und kaum sichtbar. Die mir am nächsten stehende Dame hatte die große, schlanke Figur einer Frau von etwa sechsunddreißig Jahren, die andere war von gleicher Größe und Statur und etwa vierzig. Keiner von beiden war an irgendeiner Stelle anzusehen, ob sie Ehefrau oder Witwe sei: sie machten den Eindruck zweier standhafter vestalischer Schwestern, die ihrer Säfte noch nicht durch Liebkosungen beraubt, noch nicht durch zärtliche Begrüßungen erobert waren. Ich hätte wünschen mögen, sie glücklich zu machen – doch ihr Glück sollte an jenem Abend aus einer anderen Richtung kommen.

In gewählten Worten und mit einem einschmeichelnden Tonfall am Schluß bat eine leise Stimme beide um der Liebe Gottes willen um ein Zwölf-Sous-Stück. Es kam mir sonder-

bar vor, daß ein Bettler die Höhe eines Almosens festsetzte und daß es das Zwölffache von dem sein sollte, was man gewöhnlich im Dunkeln gibt. Sie schienen beide ebenso überrascht wie ich.
»Zwölf Sous!« sagte die eine. – »Ein Zwölf-Sous-Stück!« sagte die andere – und sie antworteten nicht.
Der arme Mann sagte, er wüßte nicht, wie er Damen ihres Standes um weniger bitten könne, und er beugte das Haupt tief zur Erde.
»Ach«, sagten sie, »wir haben kein Geld.«
Der Bettler verharrte einige Augenblicke stumm und wiederholte dann seine Bitte.
»Meine schönen jungen Damen«, sagte er, »verschließen Sie Ihre gütigen Ohren nicht vor mir.«
»Auf Ehre, guter Mann«, sagte die jüngere, »wir haben kein Kleingeld.«
»Dann segne Sie der Himmel«, sagte der arme Mann, »und vervielfachen Sie die Freude, die Sie anderen bereiten können.«
Ich bemerkte, wie die ältere Schwester in die Tasche griff.
»Ich will mal sehen«, sagte sie, »ob ich einen Sou habe.«
»Einen Sou! Geben Sie zwölf!« sagte der Bittsteller. »Die Natur ist so feigebig gegen Sie gewesen, seien Sie nun freigebig gegen einen alten Mann.«
»Von ganzem Herzen, lieber Freund«, sagte die jüngere, »wenn ich etwas hätte.«
»Meine schöne Barmherzige!« wandte er sich an die ältere. »Was anders als Ihre Güte und Menschenfreundlichkeit macht Ihre leuchtenden Augen so schön, daß sie sogar in diesem dunklen Gang das Morgenlicht überstrahlen! Und was ließ den Marquis de Santerre und seinen Bruder so viel über Sie beide reden, als sie vorhin vorübergingen?«
Die beiden Damen wurden durch diese Worte offensichtlich tief berührt. Vom selben Drang getrieben, griffen sie gleich-

zeitig in die Tasche und brachten beide ein Zwölf-Sous-Stück heraus.
Der Streit zwischen ihnen und dem armen Bittsteller war vorüber – er ging weiter zwischen ihnen selbst: wer von beiden nämlich das Zwölf-Sous-Stück aus Barmherzigkeit opfern sollte; – und um den Streit zu beenden, gaben sie alle beide, und der Mann ging fort.

DES RÄTSELS LÖSUNG
PARIS

Ich lief ihm eilig nach: es war derselbe Mann, dessen Erfolg im Betteln bei Frauen vor der Hoteltür mich so verblüffte. Jetzt hatte ich sein Geheimnis heraus oder wenigstens dessen Grundlage: es war Schmeichelei.
Du köstlicher Stoff! Wie erfrischst du die Natur! Wie fest stehen alle ihre Stärken und Schwächen auf deiner Seite! Wie wohltuend mischst du dich mit dem Blut und hilfst ihm durch die schmalsten und verschlungensten Kanäle zum Herzen!
Da es dem armen Manne nicht an Zeit gebrach, hatte er sie hier in einer größeren Dosis verabreicht. Sicherlich verstand er es auch, sie für die vielen plötzlich auf der Straße auftauchenden Fälle in kleineren Portionen zu verabreichen; doch wie er es fertigbrachte, sie den Umständen entsprechend anzupassen, zu versüßen, zu verstärken, zu mildern – das zu erforschen will ich meinen Geist nicht quälen. Es genügt hier, daß der Bettler damit zwei Zwölf-Sous-Stücke verdiente – und das übrige können die am besten erzählen, die auf diese Weise viel wertvollere Dinge erlangt haben.

Wir kommen in der Welt nicht so sehr dadurch voran, daß wir Dienste leisten, sondern vielmehr dadurch, daß wir sie empfangen. Man hebt einen welken Zweig auf und steckt ihn in die Erde, und dann gießt man ihn, weil man ihn eingepflanzt hat.

Und so erging es auch dem Grafen von B. Nur weil er mir betreffs meines Reisepasses eine Gefälligkeit erwiesen hatte, wollte er in den wenigen Tagen, die er in Paris weilte, durchaus damit fortfahren und mich noch mit einigen Leuten von Rang bekanntmachen. Diese sollten mich wieder bei anderen einführen und dann immer so fort.

Ich war gerade rechtzeitig hinter das Geheimnis gekommen, um aus dieser Ehre einen bescheidenen Gewinn zu schlagen. Anderenfalls hätte ich, wie es gemeinhin der Fall ist, ein- oder zweimal bei jedem gespeist und dann bald durch die Übersetzung französischer Blicke und Gebärden ins schlichte Englisch bemerkt, daß ich einem unterhaltsameren Gast den Platz wegnahm; daraufhin hätte ich dann alle meine Plätze einen nach dem anderen aufgegeben, nur weil ich sie nicht zu halten vermochte. – So aber ging nicht viel daneben. Ich hatte die Ehre, dem alten Marquis von B. vorgestellt zu werden. Er hatte sich ehemals durch eine Reihe kleiner Rittertaten am Hofe Amors ausgezeichnet und konnte sich seitdem nicht mehr dem Gedanken an Lanzenstechen und Turniere entschlagen. – Der Marquis von B. legte Wert darauf, daß alle glaubten, diese Geschichte sei nicht nur seiner Phantasie entsprungen. »Er unternähme gern eine Reise nach England«, und er erkundigte sich ausgiebig nach den englischen Damen. – »Bleiben Sie, wo Sie sind, ich beschwöre Sie, mein Herr Marquis«, sagte ich. »Les Messieurs

Anglais können ihnen so schon kaum einen freundlichen Blick abgewinnen.« Darauf lud mich der Marquis zum Abendessen ein.

Monsieur P., der Generalpächter, fragte ebenso neugierig nach unseren Steuern. Sie seien beträchtlich hoch, habe er gehört. »Wenn wir nur wüßten, wie wir sie einziehen sollen«, sagte ich und machte ihm eine tiefe Verbeugung.

Aus anderen Gründen hätte mich Monsieur P. niemals zu seinen Hauskonzerten eingeladen.

Bei Madame de Q. war ich fälschlicherweise als Schöngeist bekannt geworden. Madame de Q. war selbst ein Schöngeist; sie brannte vor Ungeduld, mich zu sehen und mich sprechen zu hören. Ich hatte noch nicht einmal Platz genommen, als ich auch schon merkte, sie scherte sich nicht einen Pfifferling darum, ob ich Geist besaß oder nicht: ich wurde nur eingeladen, damit ich mich überzeugen könne, sie habe welchen. Der Himmel ist mein Zeuge, daß ich nicht ein einziges Mal das Tor meiner Lippen öffnete.

Madame de Q. beteuerte jedem, den sie traf, sie habe nie in ihrem Leben mit einem Manne eine lehrreichere Unterhaltung geführt.

Im Leben einer Französin gibt es drei verschiedene Herrschaftsepochen: sie ist Kokette – dann Freigeist – dann Frömmlerin. Dabei verliert sie nie die Herrschergewalt – sie wechselt nur ihre Untertanen. Wenn fünfunddreißig und mehr Jahre ihr Reich von den Sklaven der Liebe entvölkert haben, so bevölkert sie es wieder mit den Sklaven des Unglaubens – und dann mit den Sklaven der Kirche.

Madame de V. pendelte zwischen den ersten beiden Epochen hin und her: die Rosenfarben ihrer Jugend waren im raschen Verbleichen begriffen. Sie hätte schon fünf Jahre vor dem Zeitpunkt, zu dem ich die Ehre hatte, ihr meinen ersten Besuch abzustatten, Deistin werden sollen.

Sie wies mir einen Platz neben sich auf dem Sofa an, damit wir die strittigen religiösen Fragen um so konkreter diskutieren konnten. Um es kurz zu machen, Madame de V. erzählte mir, sie glaube an gar nichts. Ich erwiderte Madame de V., das möge vielleicht ihr Grundsatz sein, doch sei es sicher nicht in ihrem Interesse, wenn sie die äußeren Bollwerke niederreiße, ohne die ich mir nicht vorstellen könne, wie sich eine Festung wie die ihre verteidigen lasse; – es gäbe nichts Gefährlicheres auf der Welt für eine Schönheit als ein Freigeist zu sein; – ich schulde es meinem Glauben, das nicht vor ihr zu verbergen; – ich habe noch nicht fünf Minuten neben ihr auf dem Sofa gesessen, als schon gewisse Absichten in mir aufgestiegen seien; und nur religiöse Gefühle und die Achtung vor solchen in ihrer eigenen Brust hätten diese Absichten noch im Entstehen zügeln können.
»Wir sind nicht hart wie Diamant«, sagte ich und ergriff ihre Hand, »und es ist alle Zurückhaltung nötig, bis sich dann das Alter einschleicht und sie uns aufzwingt. – Doch, meine verehrte Dame«, fügte ich hinzu und küßte ihre Hand, »dazu ist es noch zu früh, viel zu früh.«
Ich darf ohne Übertreibung sagen, daß ich in ganz Paris im Rufe stand, Madame de V. von der Freigeisterei bekehrt zu haben. Sie erklärte dem Monsieur D. und dem Abbé M., ich habe in einer halben Stunde mehr zugunsten der Offenbarungsreligion gesagt als ihre ganze Enzyklopädie dagegen. –Ohne Umschweife wurde ich in Madame de V.s ständige Gesellschaft aufgenommen – und sie schob die Epoche der Freigeisterei noch zwei Jahre hinaus.
In dieser Gesellschaft, ich erinnere mich noch ganz genau, mitten in einem Gespräch, in dem ich die Notwendigkeit einer ersten Ursache nachwies, nahm mich der junge Graf von Fainéant bei der Hand und führte mich in den entferntesten Winkel des Zimmers, um mir zu sagen, mein Solitär sei zu

gerade am Hals befestigt. Er müsse plus badinant sitzen, sagte der Graf und sah auf seinen eigenen herab, »doch ein Wort, Monsieur Yorick, zu einem Weisen ...«

». . . und von einem Weisen, Herr Graf«, erwiderte ich mit einer Verbeugung, »ist genug.«

Der Graf von Fainéant umarmte mich mit größerer Wärme als mich je ein Sterblicher umarmt hat. Drei Wochen lang teilte ich die Meinung eines jeden, dem ich begegnete! – »Pardi! ce Monsieur Yorick a autant d'esprit que nous autres.« – »Il raisonne bien«, sagte ein anderer. – »C'est un bon enfant«, sagte ein dritter.

Und um diesen Preis hätte ich mein Lebtag in Paris essen und trinken und fröhlich sein können; – doch es war ein ehrloses Nassauern; – ich fing an, mich zu schämen. Es war der Lohn eines Sklaven: – jedes Ehrgefühl empörte sich dagegen. Je höher ich stieg, um so mehr mußte ich auf mein Bettelsystem zurückgreifen; – je höher die Gesellschaft, um so mehr Kinder kunstvoller Raffinesse. Ich aber lechzte nach den Kindern der Natur; und eines Abends, nach einer höchst schmählichen Prostitution meines Ichs vor einem halben Dutzend verschiedener Leute, wurde mir übel davon. – Ich ging zu Bett und befahl La Fleur, mir für den nächsten Morgen Pferde zu beschaffen, damit wir nach Italien weiterreisen könnten.

MARIA
MOULINS

Noch nie habe ich die Last der Überfülle in irgendeiner Form empfunden – bis jetzt. Durch Bourbonnais zu reisen, den schönsten Teil Frankreichs, – und noch dazu mitten in der Weinlese, wo die Natur ihren Reichtum in jedermanns Schoß fließen läßt und jedes Auge emporgerichtet ist – eine Fahrt, bei der Musik auf Schritt und Tritt den Takt zur Arbeit schlägt und jeder jubelnd seine Trauben erntet; – alles dies an mir vorüberziehen zu lassen, mit schwellenden Gefühlen, die sich bei jeder Gruppe vor mir neu entzündeten – und jede von ihnen ging mit Abenteuern schwanger –. Großer Gott! ich könnte zwanzig Bände damit füllen. Allein ich habe nur wenige schmale Seiten dieses Tagebuchs zur Verfügung, um diese Eindrücke hineinzuzwängen – und die Hälfte davon muß ich für die arme Maria verwenden, der mein Freund Shandy in der Nähe von Moulins einst begegnete.

Die Geschichte, die er mir von dem geistesgestörten Mädchen erzählte, machte beim Lesen nicht den geringsten Eindruck auf mich; doch als ich in die Gegend kam, in der sie wohnte, kehrte sie mit solcher Wucht in mein Gedächtnis zurück, ich konnte der Versuchung einfach nicht widerstehen, einen Umweg von zwei Meilen nach dem Dorf zu machen, wo ihre Eltern lebten, und mich nach ihr zu erkundigen.

Ich gebe zu, das hieß, es dem Ritter von der traurigen Gestalt gleichzutun und trübsinnige Erlebnisse zu suchen; – doch ich weiß nicht, wie es kommt, nie bin ich mir der Existenz einer Seele in meiner Brust so klar bewußt, als wenn ich in melancholische Abenteuer verstrickt bin.

Die alte Mutter öffnete die Tür. Ihr Blick verriet mir ihre Geschichte, noch ehe sie den Mund auftat. Sie hatte ihren Mann verloren; er sei vor ungefähr einem Monat gestorben, sagte sie, vor Kummer über Marias zerrütteten Geisteszustand. Zuerst habe sie befürchtet, setzte sie hinzu, ihr armes Kind werde dadurch auch noch des bißchen übriggebliebenen Verstandes beraubt; – doch sei sie durch den Verlust ihres Vaters wieder etwas zu sich gekommen; – dennoch fände sie keine Ruhe mehr. Ihre arme Tochter, sagte sie weinend, wandere irgendwo auf der Landstraße umher.

Warum schlägt mein Puls so matt, während ich das niederschreibe? Und was veranlaßte La Fleur, dessen Herz doch nur auf Freude eingestellt zu sein schien, sich bei der Erzählung der Frau zweimal mit dem Handrücken über die Augen zu fahren? Ich gab dem Postillion ein Zeichen, wieder auf meine Reiseroute zurückzukehren.

Als wir bis auf eine halbe Meile an Moulins herangekommen waren, entdeckte ich an einem kleinen Seitenpfad, der zu einem Dickicht führte, unter einer Pappel sitzend, die arme Maria. Sie hatte die Ellbogen auf ihren Schoß gestützt, und ihr Kopf ruhte zur Seite gesunken auf ihrer Hand; – ein kleines Bächlein floß dicht am Fuße des Baumes dahin.

Ich befahl dem Postillion, mit der Kutsche bis Moulins vorauszufahren – und La Fleur, mein Abendessen zu bestellen; – ich wollte dann zu Fuß nachkommen.

Sie war weiß gekleidet und ganz so, wie sie mein Freund beschrieben hatte, nur hing ihr Haar lose herab, das früher geflochten und mit einem seidenen Netz zusammengehalten war. Auch hatte sie an ihrem Mieder ein blaßgrünes Band befestigt, das ihr über die Schulter bis zur Hüfte herabfiel und an dessen Ende eine Flöte hing. Ihre Ziege war so treulos gewesen wie ihr Liebhaber, und sie hielt sich jetzt an ihrer Stelle einen kleinen Hund, den sie mit einer Leine an ihrem Gürtel festgebunden hatte. Wie ich den Hund betrachtete, zog sie ihn an der Leine zu sich heran.

»Du sollst mich nicht verlassen, mein Sylvio«, sagte sie. Ich blickte Maria in die Augen und sah, daß sie mehr an ihren Vater als an ihren Liebhaber oder ihre kleine Ziege dachte; denn als sie diese Worte hervorbrachte, rollten ihr die Tränen über die Wangen.

Ich ließ mich dicht neben ihr nieder, und Maria erlaubte mir, ihre Tränen mit meinem Taschentuch abzutrocknen; – dann trocknete ich die meinen – dann ihre – dann meine – und

dann wieder ihre; – und dabei verspürte ich solch unbeschreibliche Regungen in meinem Innern, wie sie ganz gewiß nicht allein durch irgendwelches Zusammenwirken von Materie und Bewegung erklärt werden können.
Ich bin sicher, daß ich eine Seele habe, und alle Bücher der Materialisten können mich nicht vom Gegenteil überzeugen.

MARIA

Als Maria wieder zu sich kam, fragte ich sie, ob sie sich an einen blassen, schlanken Mann erinnere, der sich vor ungefähr zwei Jahren zwischen ihr und ihrer Ziege niedergesetzt habe. Sie sagte, sie sei zu jener Zeit nicht ganz bei Sinnen gewesen, aber sie erinnere sich aus zwei Gründen daran: obgleich sie krank gewesen sei, habe sie doch bemerkt, daß die Person Mitleid mit ihr hatte; und zweitens habe ihre Ziege sein Taschentuch gestohlen, und sie habe sie des Diebstahls wegen geschlagen. Sie habe es im Bache gewaschen, sagte sie, und seitdem immer in der Tasche bei sich getragen, um es ihm zurückzugeben, falls sie ihn je wiedersehen sollte, was er, fügte sie hinzu, ihr halb versprochen habe. Während sie mir das erzählte, holte sie das Tuch aus ihrer Tasche und zeigte es mir. Sie hatte es sorgfältig zwischen ein paar Weinblättern zusammengefaltet und eine Ranke darum gewunden. – Als ich es öffnete, sah ich ein S in eine der Ecken eingestickt.
In der Zwischenzeit, so erzählte sie mir, sei sie bis nach Rom gepilgert, einmal um die Peterskirche herumgegangen und dann zurückgekehrt. Sie habe den Weg über die Apenninen allein gefunden und die ganze Lombardei ohne Geld und die steinigen Straßen von Savoyen ohne Schuhe durchwandert.

Wie sie das ausgehalten und wie sie sich durchgeschlagen habe, könne sie nicht sagen; – »doch Gott schickt warmen Wind«, sagte Maria, »für das geschorene Lamm.«

»Geschoren in der Tat! – und kurz dazu!« sagte ich, »– und wohntest du in meiner eigenen Heimat, wo ich eine Hütte habe, nähme ich dich zu mir und beschützte dich. Du solltest von meinem eigenen Brot essen und aus meinem eigenen Becher trinken. – Ich wäre auch gut zu deinem Sylvio. – Auf allen deinen Irrungen und Wirrungen würde ich nach dir suchen und dich zurückholen. – Bei Sonnenuntergang würde ich mein Gebet sprechen, und wenn ich damit fertig wäre, solltest du das Abendlied auf deiner Flöte spielen. Und der Weihrauch meines Opfers würde deshalb nicht schlechter aufgenommen, weil er zugleich mit dem eines gebrochenen Herzens in den Himmel eindringt.«

Mein Innerstes schmolz hin, wie ich das sagte; und als ich mein Taschentuch herauszog, mußte Maria es notgedrungen in dem Bache auswaschen; denn es war viel zu vollgesogen, um noch irgendwie von Nutzen zu sein.

»Und wo willst du es trocknen, Maria?« fragte ich. »Ich will es an meinem Busen trocknen«, sagte sie, »das wird mir guttun.«

»Glüht denn dein Herz noch so heiß, Maria?« fragte ich.

Hier berührte ich den Faden, an dem alle ihre Sorgen hingen. Eine Zeitlang blickte sie mir mit gedankenvollem Irrsinn ins Gesicht und nahm dann ohne ein Wort zu sagen ihre Flöte und spielte darauf ihr Abendlied für die Heilige Jungfrau. – Die Saite, die ich angeschlagen hatte, hörte auf zu klingen; – in wenigen Augenblicken kam Maria wieder zu sich, ließ ihre Flöte fallen und stand auf.

»Und wohin gehst du, Maria?« fragte ich. – Sie antwortete: »Nach Moulins.« – »Dann wollen wir«, sagte ich, »gemeinsam gehn.« Maria legte ihren Arm in den meinen und gab dem Hund etwas mehr Leine, damit er uns folgen könne – und so zogen wir in Moulins ein.

MARIA
MOULINS

Obwohl ich Begrüßungs- und Abschiedszeremonien auf dem Marktplatz hasse, blieb ich stehen, als wir zur Mitte desselben gekommen waren, um Maria einen letzten Blick zuzuwerfen und ihr ein letztes Lebewohl zu sagen.

Maria war zwar nicht groß, doch besaß sie dessen ungeachtet eine erstklassig schöne Körperform. Der Kummer hatte ihrem Blick einen fast überirdischen Ausdruck verliehen; dennoch war sie durch und durch eine Frau – und es war so viel von dem an ihr, was das Herz braucht oder das Auge an einer Frau sucht – wenn sich die Spuren ihres Jammers je in ihrem Hirn auslöschen ließen – und die Elisas in meinem –, so sollte sie nicht nur von meinem Brot essen und aus meinem Becher trinken, sondern an meinem Busen ruhn und mir eine Tochter sein.

Adieu, armes, unglückliches Mädchen! – Sauge das Öl und den Wein ein, die das Mitgefühl eines Fremden in deine Wunde träufelt, während er seines Weges zieht; – nur das Wesen, das dich zweimal verletzte, kann sie für immer heilen.

Bei keiner anderen Gelegenheit hatte ich mir ein so freudiges Schwelgen in Gefühlen ausgemalt als vor der Reise durch diesen Teil Frankreichs während der Weinlese. Da ich aber durch das Tor des Kummers eintrat, machte mich mein Trübsinn völlig unfähig dafür. Zu jeder fröhlichen Szene bildete Maria, schwermütig unter ihrer Pappel sitzend, den Hintergrund. Ich war schon fast bis nach Lyon gekommen, ehe es mir gelang, einen Schatten über sie zu werfen.
Teure Empfindsamkeit! Unerschöpflicher Quell alles Edlen in unseren Freuden und alles Kostbaren in unseren Leiden! Du fesselst deinen Märtyrer an sein Strohlager – du bist es, der ihn zum Himmel emporträgt! Ewiger Born unserer Gefühle – hier spüre ich dich auf – und es ist deine »Göttlichkeit, die sich in mir regt«. In keinem traurigen und trostlosen Augenblick »schrickt meine Seele in sich selbst zurück und schaudert vor dem Abgrund« – das sind hohle Phrasen –, ohne daß ich nicht auch eine gewisse erhabene Freude und großherzige Fürsorge von außen her empfände; – und das alles kommt von dir, du großes, großes Sensorium der Welt, das in der entferntesten Wüste deiner Schöpfung in Schwingung gerät, wenn nur ein Haar unseres Hauptes zu Boden fällt. – Von dir berührt, zieht Eugenius meinen Bettvorhang zu, wenn ich schmachtend darniederliege – hört sich geduldig meine Beschreibung der Symptome an und schiebt die Schuld für seine Nervosität aufs Wetter. Manchmal verleihst du einen Hauch davon dem grobschlächtigsten Schäfer, der die unwirtlichen Berge durchstreift; – da findet er ein zerfleischtes Lamm aus der Herde eines anderen. In diesem Moment steht er vor meinem geistigen Auge, wie er den Kopf auf seinen Krummstab stützt und mitleidigen Herzens

darauf herabschaut. »Ach, wäre ich doch einen Augenblick früher gekommen! Es blutet sich ja zu Tode!« – Sein edles Herz blutet mit ihm.
Friede sei mit dir, edelmütiger Schäfer! – ich sehe dich bekümmert von dannen schreiten – doch du sollst entschädigt werden durch deine Freuden; – denn Glück wohnt in deiner Hütte, und glücklich ist, wer sie mit dir teilt – und glücklich sind die Lämmer, die um dich herumtollen.

DAS ABENDESSEN

Gleich am Beginn des Aufstiegs zum Berg Taurira löste sich ein Eisen von einem der Vorderhufe des Deichselpferds. Der Postillion stieg herunter, drehte das Hufeisen ganz ab und steckte es in die Tasche. Da die Straße fünf oder sechs Meilen lang bergauf ging und wir hauptsächlich auf dieses Pferd angewiesen waren, verlangte ich mit Nachdruck, das Eisen müsse so gut wie möglich wieder befestigt werden. Der Postillion hatte aber die Nägel weggeworfen, und ohne sie nützte uns auch der Hammer in der Werkzeugkiste der Kutsche nur wenig. Und so fügte ich mich drein weiterzufahren.
Wir waren noch keine halbe Meile vorangekommen, als das arme Tier auf einer steinigen Wegstrecke ein zweites Hufeisen verlor, und dazu das vom anderen Vorderhuf. Fest entschlossen stieg ich aus dem Wagen. Etwa eine Viertelmeile links ab entdeckte ich ein Haus, und es gelang mir, den Postillion nach einem langen Wortwechsel zu überreden, von der Straße abzubiegen und geradewegs darauf loszufahren. Als wir näher kamen, versöhnte mich das Aussehen des Hauses und dessen Umgebung sehr bald mit meinem Mißgeschick. – Es war ein kleiner Bauernhof, umgeben von etwa

zwanzig Morgen Weinland und etwa ebensoviel an Kornfeldern. Auf der einen Seite, dicht am Haus, befand sich ein Gemüsegarten von eineinhalb Morgen Größe, der alles enthielt, was den Speisezettel eines französischen Bauernhauses reichhaltig gestalten kann. Auf der anderen Seite lag ein kleines Wäldchen, das den nötigen Brennstoff für die Küche lieferte. – Es war bereits gegen acht Uhr abends, als ich bei dem Hause ankam, und so ließ ich den Kutscher das Seine tun, so gut er konnte, und ging schnurstracks hinein.

Die Familie bestand aus einem alten grauköpfigen Mann, seiner Frau, fünf oder sechs Söhnen und Schwiegersöhnen mit ihren Ehefrauen und deren ganzer lustiger Nachkommenschaft.

Sie saßen alle beisammen über ihrer Linsensuppe. Ein riesiger Leib Brot lag mitten auf dem Tisch, und ein Krug Wein an jedem Tischende versprach Fröhlichkeit während aller Gänge der Mahlzeit: – es war ein Gastmahl der Liebe.

Der Alte stand auf, um mich zu begrüßen, und nötigte mich mit respektvoller Herzlichkeit, am Tisch Platz zu nehmen. Mein Herz hatte sich schon niedergelassen, als ich über die Schwelle trat; – ich setzte mich also gleich nieder wie ein Sohn der Familie. Um mich nun so rasch wie möglich in meine Rolle hineinzufinden, lieh ich mir augenblicklich das Messer des Alten, ergriff das Brot und schnitt mir ein kräftiges Stück ab. Während ich das Messer handhabte, erblickte ich in aller Augen nicht nur ein Zeichen aufrichtigen Willkommens, sondern eines Willkommens, das mit Dankbarkeit erfüllt war, weil ich nicht daran gezweifelt zu haben schien.

War es das? Oder sage mir, Natur, was sonst diesen Bissen so schmackhaft machte – und welcher Zauberkraft ich es verdanke, daß der Schluck, den ich aus ihrem Kruge nahm, so

köstlich dazu mundete und beides bis zur Stunde meinen Gaumen labt?
Wenn das Abendessen schon nach meinem Geschmack war – das darauf folgende Dankgebet war es noch viel mehr.

DAS DANKGEBET

Als die Mahlzeit zu Ende ging, klopfte der Alte mit dem Griff seines Messers auf den Tisch; – es war das Zeichen, sich zum Tanze fertigzumachen. Im selben Augenblick eilten die Frauen und Mädchen alle miteinander in ein Hinterzimmer, um ihr Haar herzurichten – und die jungen Männer liefen zur Tür, um sich das Gesicht zu waschen und andere Schuhe anzuziehen. Innerhalb von drei Minuten stand alles fix und fertig auf einem kleinen Platze vor dem Haus –. Der Alte und seine Frau kamen zuletzt heraus, nahmen mich in ihre Mitte und ließen sich auf einer Rasenbank neben der Tür nieder.
Einige fünfzig Jahre früher war der Alte kein schlechter Spieler auf der Leier gewesen, und noch in seinen späten Jahren handhabte er sie gut genug für seine Zwecke. Seine Frau sang gelegentlich ein bißchen dazu – brach dann ab und begleitete ihre andere Ehehälfte wieder von neuem, während ihre Kinder und Enkelkinder vor ihnen tanzten. Mitten im zweiten Tanz – und nicht eher – bildete ich mir ein, ich könne in einer Bewegungspause, in der sie alle in die Höhe zu schauen schienen, eine seelische Erhebung bemerken, die sich sehr von Ursache oder Wirkung einfältiger Ausgelassenheit unterschied. In einem Wort, ich glaubte zu sehen, wie die Religion mit dem Tanz verschmolz. Allein da ich sie nie in solcher Gesellschaft angetroffen hatte, würde ich diese Vorstellung für eine Entgleisung meiner Phantasie

Tony Johannot
Piaud

gehalten haben, die mich fortwährend irreführt, wenn nicht der Alte, sobald der Tanz zu Ende war, gesagt hätte, sie würden es immer so halten, und er habe es sich für sein ganzes Leben zur Regel gemacht, nach dem Abendessen seine Familie zu Tanz und Frohsinn herauszurufen; denn er glaube, so sagte er, ein heiteres und zufriedenes Gemüt sei die beste Art des Dankes, den ein ungebildeter Bauer dem Himmel darbringen könne –

»Oder auch ein gelehrter Prälat«, sagte ich.

EIN DELIKATER FALL

Hat man den Gipfel des Berges Taurira erklommen, so geht es gleich steil hinunter nach Lyon. – Adieu dann, Geschwindigkeit! Die Reise erfordert Vorsicht. Es ist ja auch für die Empfindungen von Vorteil, wenn man es mit ihnen nicht so eilig hat. So wurde ich mit einem Eseltreiber handelseinig, er solle sich mit ein paar Maultieren Zeit lassen und mich in meiner eigenen Kutsche wohlbehalten durch Savoyen nach Turin bringen.

Armes, geduldiges, friedliches, redliches Volk! Fürchte nichts: die Welt wird dir deine Armut, die Schatzkammer deiner natürlichen Tugenden, nicht neiden und darum nicht in deine Täler einbrechen. – Natur! inmitten deiner regellosen Fülle bist du doch freundlich gegen das Unzulängliche in deiner Schöpfung: bei allen deinen großen Werken um dich her hast du zwar für die Sense oder die Sichel nur wenig übriggelassen – aber diesem wenigen gewährst du Sicherheit und Schutz; und glücklich sind die Hütten, die so geborgen sind.

Laß den wegemüden Wanderer seine Klagen ausstoßen über die plötzlichen Windungen und Gefahren deiner Straßen, deiner Felsen, deiner Abgründe, über die Schwierigkeiten beim Erklimmen unwegsamer Berge und die Schrecken, die beim Abstieg lauern – und über die Wasserstürze, die große Felsbrocken von den Gipfeln herabrollen und ihm den Weg versperren.

Zwischen St. Michael und Madane hatten die Bauern schon den ganzen Tag daran gearbeitet, ein großes Felsstück dieser Art zu beseitigen, und als mein Wagen an jene Stelle kam, dauerte es noch zwei volle Stunden, ehe irgendwie eine Durchfahrtsmöglichkeit erzwungen werden konnte. Da hieß es nichts als geduldig warten. Es war ein regnerischer und stürmischer Abend, so daß sich der Kutscher wegen des Aufenthalts und des Wetters dazu genötigt sah, fünf Meilen vor der nächsten Poststation an einem kleinen hübschen Gasthof dicht an der Straße haltzumachen.

Ohne Umschweife ergriff ich Besitz von meinem Schlafzimmer, ließ ein tüchtiges Feuer anzünden, bestellte mir mein Abendbrot und dankte dem Himmel, daß mir nichts Schlimmeres passiert war – als plötzlich ein Wagen mit einer Dame und ihrem Kammermädchen vorfuhr.

Da es im Hause kein anderes Schlafzimmer gab, führte sie die Wirtin ohne große Bedenklichkeit in das meine und teilte ihnen an der Tür mit, es sei niemand weiter drin als ein Herr aus England – das Zimmer habe zwei gute Betten, und außerdem gehöre noch ein kleiner Nebenraum mit einem dritten dazu. Der Ton, in dem sie von dem dritten Bett sprach, ließ nicht viel Gutes davon erwarten; – allein sie sagte, es seien drei Betten und nur drei Personen – und sie dürfe wohl annehmen, der Herr werde alles tun, um es den Damen angenehm zu machen.

Ich ließ den Damen keinen Augenblick Zeit für Vermutungen und erklärte, ich wolle alles tun, was in meinen Kräften stünde.

Da dies nicht auf eine völlige Übergabe meines Schlafzimmers hinauslief, fühlte ich mich noch Besitzer genug, um berechtigt zu sein, die Honneurs darin zu machen. Ich bat also die Dame, Platz zu nehmen, nötigte sie in den wärmsten Sessel, ließ mehr Holz kommen und bestellte der Wirtin, sie solle den Plan für das Abendessen erweitern und uns mit dem allerbesten Wein beehren.

Die Dame hatte sich kaum fünf Minuten am Feuer gewärmt, als sie anfing, sich umzusehen und die Betten zu betrachten; und je öfter sie ihre Blicke in dieser Richtung schweifen ließ, um so öfter kehrten sie bestürzt zurück. – Ich fühlte mit ihr – und mit mir selbst; denn innerhalb weniger Minuten fand ich mich durch ihre Blicke und die Situation an sich in ebenso großer Verlegenheit wie nur die Dame selbst sein konnte.

Daß die Betten, in denen wir schlafen sollten, in ein und demselben Raum standen, war allein schon genug, soviel Aufregung zu verursachen – doch ihre Stellung (sie standen parallel, und es blieb nur Raum für einen schmalen Korbstuhl zwischen ihnen, so gering war ihr Abstand voneinander) machte die Sache noch peinlicher für uns. Überdies waren sie so nahe ans Feuer gerückt, und der Kaminvorsprung auf der einen und ein großer Tragbalken, der quer durch den Raum ging, auf der anderen Seite, bildeten eine Art Nische dafür, was in keiner Weise günstig auf unser Zartgefühl wirkte. Wenn noch irgend etwas die Sachlage verschlimmern konnte, dann die Tatsache, daß die viel zu geringe Breite beider Betten von vornherein den Gedanken ausschloß, die Dame könne in dem einen oder dem anderen mit dem Kammermädchen zusammen schlafen. Hätte sich das machen lassen, dann schien es zwar nicht gerade wünschenswert, wenn ich mich ins Nebenbett legte, andererseits wäre aber nichts so Schlimmes dabei gewesen, über

das die Phantasie nicht ohne Qualen hätte hinweggehen können.
Was den kleinen Nebenraum anging, so bot er uns wenig oder gar keinen Trost: es war ein feuchter, kalter Verschlag, mit einem halb abgerissenen Laden und einem Fenster, das weder Glas noch Ölpapier aufwies, um den nächtlichen Sturm abzuwehren. Ich gab mir keine Mühe, meinen Husten zu unterdrücken, als die Dame einen flüchtigen Blick hineinwarf. Das führte den Fall auf die folgende Alternative zurück: entweder mußte die Dame ihre Gesundheit ihrem Zartgefühl zum Opfer bringen, selbst mit dem Verschlag vorliebnehmen und das Bett neben mir ihrem Kammermädchen überlassen – oder das Mädchen mußte in den Verschlag ziehen und so weiter.
Die Dame war eine Piemontesin von ungefähr dreißig Jahren mit von Gesundheit durchglühten Wangen. Das Kammermädchen stammte aus Lyon und war etwa zwanzig und so flott und lebendig, wie eine Französin nur sein kann. So gab es Schwierigkeiten in jeder Hinsicht – und der hinderliche Felsbrocken auf der Straße, der uns in diese peinliche Situation gebracht hatte – so groß er auch zu sein schien, während ihn die Bauern zur Seite räumten –, war doch nur ein Kieselstein im Vergleich zu dem, der jetzt unseren Weg versperrte. – Ich muß nur noch hinzufügen: die drückende Last, die auf unseren Gemütern lag, wurde dadurch nicht erleichtert, daß wir beide zu zartfühlend waren, um einander offen zu sagen, was wir in dieser Lage wirklich empfanden.
Wir setzten uns zum Abendessen nieder; und wenn wir nicht einen besseren Wein dazu gehabt hätten, als ein kleiner savoyischer Gasthof zu liefern imstande ist, so wären unsere Zungen gefesselt geblieben, bis sie die Notwendigkeit selbst in Freiheit gesetzt hätte – allein die Dame, die einige Flaschen Burgunder in ihrem Wagen mit sich führte, schickte ihr

Kammermädchen hinunter und ließ ein paar davon heraufholen, so daß wir, als das Abendessen zu Ende und wir wieder allein waren, uns zu genügender Geisteskraft erhoben fühlten, um wenigstens ohne Zurückhaltung über unsere Lage zu sprechen. Im Verlauf einer zweistündigen Unterredung behandelten wir den Gegenstand nach jeder Richtung und untersuchten und betrachteten ihn in jeder Art von Licht. Am Schlusse derselben wurden dann die Paragraphen endgültig zwischen uns abgesprochen und nach der Form und den Gepflogenheiten eines Friedensvertrages festgelegt – und das, wie ich meine, mit ebensoviel Glauben und Vertrauen auf beiden Seiten wie in irgendeinem Vertrag, dem bisher die Ehre widerfahren ist, der Nachwelt überliefert zu werden.

Es waren die folgenden: –

Erstens: Da das Besitzrecht des Schlafzimmers bei Monsieur liegt und er das dem Kamin am nächsten stehende Bett für das wärmste hält, so besteht er darauf, daß ihm von Seiten der Dame zugestanden wird, selbiges einzunehmen.

Von Madame gewährt; jedoch mit einem Vorbehalt: da nämlich die Vorhänge jenes Betts aus dünnem, durchsichtigem Kattun sind und auch zu schmal zu sein scheinen, um sie dicht zuziehen zu können, soll das Kammermädchen die Öffnung entweder mit Stecknadeln oder mit Nadel und Zwirn auf eine solche Weise schließen, daß es als eine ausreichende Schranke gegenüber Monsieur erachtet werden kann.

Zweitens: Von Seiten der Madame wird verlangt, Monsieur solle die ganze Nacht über in seinem Schlafanzug liegen.

Abgelehnt: da Monsieur keinen Schlafanzug bei sich hat; er führt in seinem Gepäck nichts mit als sechs Hemden und eine schwarzseidene Hose.

Die Erwähnung der schwarzseidenen Hose veränderte den

Paragraphen völlig, denn die Hose wurde als Ersatz für den Schlafanzug angenommen; und so wurde festgesetzt und vereinbart, ich müsse die ganze Nacht in meiner schwarzseidenen Hose liegen.
Drittens: Die Dame besteht auf der Forderung, daß, nachdem Monsieur zu Bett gegangen und Kerze und Feuer ausgelöscht ist, Monsieur die ganze Nacht über kein einziges Wort sprechen darf.
Angenommen; vorausgesetzt es werde nicht als eine Verletzung des Vertrages betrachtet, wenn Monsieur sein Gebet verrichtet.
In diesem Vertrag hatten wir nur einen Punkt außer acht gelassen, und das war die Art und Weise, in der wir uns auskleiden und zu Bett begeben sollten. Es gab einen Weg, das zu tun; doch ich überlasse es dem Leser, ihn zu erraten, weise aber darauf hin, daß die Schuld seine eigene Phantasie trifft – gegen die ich hier nicht die erste Beschwerde erhebe wenn es nicht der zartfühlendste der Welt ist.
Ob es nun das Neuartige der Situation oder auch etwas anderes war, ich weiß es nicht; aber es zeigte sich, daß ich meine Augen nicht schließen konnte, nachdem wir schließlich ins Bett gekommen waren. Ich versuchte es auf dieser und auf jener Seite und drehte mich immer wieder herum, bis ich eine volle Stunde nach Mitternacht, als es Natur und Geduld nicht länger aushielten, rief: »O mein Gott!«
»Sie haben den Vertrag gebrochen, Monsieur«, sagte die Dame, die ebensowenig geschlafen hatte wie ich. –
Ich bat tausendmal um Verzeihung, bestand aber darauf, es sei nicht mehr als ein Stoßseufzer gewesen. – Sie behauptete, es sei ein vollständiger Bruch des Vertrags. – Ich blieb dabei, er falle unter die Klausel des Paragraphen Nummer drei.
Die Dame wollte unter keinen Umständen nachgeben, obgleich sie dadurch ihrer Schutzwand schadete; denn in der

Hitze des Gefechts konnte ich zwei oder drei Stecknadeln aus dem Vorhang zu Boden fallen hören.

»Mein Ehrenwort, Madame«, sagte ich und streckte meinen Arm als Geste der Beteuerung aus dem Bett –

(Ich wollte hinzufügen, ich würde um alles in der Welt niemals eine noch so abseitige Regel der Wohlanständigkeit übertreten) –

Aber das Kammermädchen, das den Wortwechsel zwischen uns gehört hatte und befürchtete, es könnten feindselige Handlungen daraus erwachsen, war leise aus dem Verschlag hervorgekrochen und, da es vollständig dunkel war, hatte sich so dicht an unsere Betten herangeschlichen, daß sie in den schmalen Gang zwischen ihnen geraten und so weit vorgedrungen war, bis sie in gerader Linie zwischen ihrer Herrin und mir zu stehen kam: –

Als ich meine Hand ausstreckte, faßte ich daher der Kammerjungfer ihre –

Mitten im Satz bricht die 'Reise des Herzens' ab, und noch dazu an einer Stelle, wo man sehr gern gewußt hätte, wie der heikle Zwischenfall endet und wofür der Gedankenstrich wohl steht. Grell und erregend wie eine unaufgelöste Akkordfolge tönt der Schluß ins Reich der Phantasie des genasführten Lesers hinüber, dessen gespannte Erwartungen unerfüllt bleiben. Und dabei hätte der Autor mit ein paar Federstrichen die Geschichte leicht abrunden können, wenn er es gewollt hätte. Doch er wollte es nicht; denn das Nicht-zu-Ende-Führen ist ein Stilprinzip, ja mehr noch, es ist ein Teil dieses ungewöhnlichen Mannes, der als unnachahmlicher Humorist und zarter Gefühlsmensch mit seinem schmalen Werk eine einzigartige Stellung in der Literatur einnimmt.

Laurence Sterne gehört nicht zu den Schriftstellern, die eine sorgenfreie Jugend in Glanz und Wohlstand verleben konnten. Er entstammte bescheidenen Verhältnissen. Als jüngster Sohn einer durch Handel und Heirat wohlhabend gewordenen englischen Familie hatte sein Vater die militärische Laufbahn eingeschlagen und es unter Marlborough im Spanischen Erbfolgekrieg bis zum Fähnrich gebracht. Um seine Schulden abzugelten, heiratete der leichtlebige Soldat 1711 die Stieftochter eines Marketenders, die am 24. November 1713, kurz nach der Verlegung des Regiments von Flandern nach Südirland, Laurence in den Kasernen von Clonmel zur Welt brachte. Im gleichen Jahr wurde Fähnrich Sterne aus der Armee entlassen. Die wenig gesellschaftsfähige Familie siedelte nach England über, wo sie zehn Monate lang von den widerwillig gegebenen Almosen der Verwandten leben mußte, bis das Regiment neu aufgestellt wurde und der kleine Laurence mit seiner Mutter auf abenteuerlichen Fahrten dem Vater von Garnison zu Garnison nachzog. Das bewegte, rauhe und entbehrungsreiche Leben brachte den Knaben mit Armut und Not in enge Berührung. Er lernte dabei den einfachen, gutherzigen Menschen schätzen, und diese Jugenderinnerungen blieben fest in ihm haften und halfen sein Denken formen.

Welche gesellschaftlichen und wirtschaftlichen Entwicklungen waren es nun, die den Hintergrund zu Sternes Leben bildeten?

In der ersten Hälfte des achtzehnten Jahrhunderts bereitete sich in England die industrielle Revolution vor, die dann die zweite Hälfte des Jahrhunderts beherrschte. Die »Glorreiche Revolution« von 1688/89 hatte die Bourgeoisie an die Macht gebracht. Erwerb von Reichtum war ihre Devise, und die langjährige Korruptionsregierung der Whigs unter Walpole unterstützte sie nach Kräften. So wurde das Kapital für die spätere Industrialisierung aufgehäuft. Der Außenhandel, der sich in diesem halben Jahrhundert verdoppelte, und die Ausbeutung der Kolonien, besonders Indiens, bildeten eine ergiebige Goldgrube. Spekulationen und ein raffiniertes Staatsschuldensystem warfen riesige Profite ab. Die Großgrundbesitzer eigneten sich rücksichtslos immer mehr Land an. Der Feudaladel und das Handels- und Manufakturbürgertum waren schon seit dem sechzehnten Jahrhundert wirtschaftlich im Verschmelzen begriffen, seit die Krone Handelsmonopole an den Adel verteilte und dieser eigene Manufakturen für die Wollverarbeitung anlegte, während andererseits reiche Bürger Ländereien erwerben und in den Adelsstand aufsteigen konnten. Beide Klassen nahmen an den gleichen Geschäften teil. Der gesellschaftliche Rangunterschied zwischen ihnen blieb jedoch bis in die Gegenwart bestehen. Auf Grund der wirtschaftlichen Verbindung

zwischen Adel und Bürgertum wurde die für England typische lückenlose Entwicklung vom Früh- zum Monopolkapitalismus möglich und England das einzige Land mit einer klassischen Entwicklung des Kapitalismus.
Betrieben die Großgrundbesitzer die Beschlagnahme von Gemeindeland und das Enteignen freier Bauern vor dem achtzehnten Jahrhundert mit privaten Mitteln, so wurde beides jetzt gesetzlich sanktioniert. Zwischen 1700 und 1760 wurden durch über 200 Erlasse mehr als 300000 Morgen Gemeindeland eingehegt. In den folgenden Jahrzehnten stiegen diese Zahlen auf ein Mehrfaches an. Um die Mitte des Jahrhunderts war auf diese Weise die freie Bauernschaft und gegen Ende das Gemeindeland fast völlig verschwunden. Diese Umwälzung stellte die Landwirtschaft auf eine kapitalistische Basis und schuf die große Zahl der Arbeitslosen, Wegelagerer und Landstreicher, über die Defoe und Fielding schrieben und die das Arbeiterheer für die wachsende Industrie bildeten. Sie schuf gleichzeitig einen erweiterten inneren Markt. Die Entwicklung hatte damit einen Stand erreicht, auf dem Maschinen ein ökonomisches Bedürfnis für die Unternehmer wurden. Die Erfindung der Dampf- und Spinnmaschine ließ auch nicht mehr lange auf sich warten. Die erste Hälfte des achtzehnten Jahrhunderts brachte aber keine grundlegenden qualitativen Veränderungen. Sie trieb nur zur Blüte, was vorher schon keimte. Der Prozeß der immer stärkeren Herausbildung von Armut auf der einen und Reichtum auf der anderen Seite ging darum unter einer trügerisch ruhigen Oberfläche vor sich, und zu offenen Auseinandersetzungen zwischen den Klassen kam es nicht.
Zur Erweiterung des äußeren Marktes führte England in diesem Zeitraum eine Reihe von Feldzügen und Eroberungskriegen auf dem Kontinent und in Übersee. Einer davon kostete Sternes Vater das Leben. Er starb 1731 in Jamaika

am Fieber. Dieses traurige Ereignis, das dem Schulbesuch des jungen Laurence fast ein Ende gesetzt hätte – wenn sich nicht ein Onkel seiner annahm und ihm Schulabschluß und Studium am Jesus College in Cambridge ermöglichte –, dürfte viel zu seiner eindeutigen Stellungnahme gegen den Krieg beigetragen haben. Die sympathischen Veteranengestalten seiner Romane zeigen aber, daß Sterne im einzelnen Soldaten, den er ja selbst kennengelernt hatte, den friedlichen Menschen sah, der nur für die Zwecke anderer mißbraucht wurde.

Es ist kaum verwunderlich, daß der an das unstete Leben gewöhnte Laurence weder in der Schule noch auf der Universität besonderen Arbeitseifer an den Tag legte. Zwar schätzte er die Literatur und begeisterte sich für Rabelais, doch theoretisierendem Denken und abstrakter Philosophie war er abhold. Was nützten ihm die schönen Theorien über die Vollkommenheit der Welt? Er kannte sie von einer anderen Seite. Das warme, pulsierende Leben, die Praxis stand ihm viel näher. So zog es der körperlich zarte und schwächliche Student mit dem schmalen Gesicht und dem schelmisch durchdringenden Blick vor, sich mit einigen wohlhabenderen Freunden die Zeit auf angenehmere und lustigere Weise zu vertreiben.

Sein Leben lang hielt er Freundschaft mit seinem Studienkameraden John Hall-Stevenson, dem Erben von Skelton Castle an der Küste von Yorkshire. Sterne verkehrte später oft im »tollen Schloß« im Kreise der »Teufelskerle« und verbrachte manche Stunde in ausgelassenster Heiterkeit. Im Jahre 1740 erwarb Sterne den akademischen Grad eines Master of Arts, doch schon drei Jahre vorher, als Baccalaureus, wurde er durch Vermittlung seiner Verwandten – sein Urgroßvater war Erzbischof von York gewesen und sein Onkel Jaques Sterne war Kanonikus von York und Erzdekan von Cleveland – aus praktischen Gründen in die Laufbahn eines Geistlichen gedrängt, ohne daß er eine Neigung dazu verspürt hätte. Er stand daher von vornherein in keinem rechten Verhältnis zu seinem Beruf, und in seinen Romanen finden sich viele Stellen, an denen religiöse Gedanken und Handlungen in einem fragwürdigen Licht erscheinen; denn an einer wirklichen religiösen Überzeugung fehlte es ihm. Seine Stellung als Geistlicher beeinflußte darum auch seine privaten Vergnügungen kaum, und als er sich 1739 ernstlich verliebte, haftete schon der Ruf eines leichtsinnigen Lebemanns an ihm.

Die Liebesbriefe an seine Braut, Elizabeth Lumley, einer zwar nicht gerade schönen, aber doch anmutigen, gebildeten und wohlhabenden Kusine der bekannten Schriftstellerin Lady Montagu, verraten Sternes eigenartiges Temperament. Mit übersteigerter, schwelgender Sensibilität umwarb er seine Braut, doch lag ihm vor allem daran, die ganze künstlich noch verdichtete Gefühlsatmosphäre bis hin zu strömenden Tränen genießerisch auszukosten. Als Elizabeth für einige Zeit zu ihrer Schwester fuhr, geriet er vor Sehnsucht fast an den Rand der Verzweiflung. »*Ein einziger* Teller, *ein* Messer, *eine* Gabel, *ein* Glas! – ich warf unendlich nachdenkliche Blicke auf den Stuhl, den Du so oft geziert hattest damals bei jenen geruhsamen und gefühlsseligen Soupers – dann mußte ich Messer und Gabel niederlegen, ich zog mein Taschentuch hervor, bedeckte mein Gesicht damit und weinte wie ein Kind.« Das zu dichterischen Zwecken hervorgeholte Taschentuch steckte er später nie wieder völlig weg.

Nach zweijährigem Bemühen konnte er 1741 endlich seine Geliebte heimführen. Für das junge Paar begann nun ein idyllisches Landleben in Sutton-in-the-Forest, etwa zwölf Kilometer nördlich von York. Die Sorge um die ihm anvertrauten Seelen versah Sterne mehr schlecht als recht. Dafür war er ein begeisterter Reiter, Jäger, Wanderer und Eisläufer. Etwas Ackerbau und Viehzucht – er hielt sieben Kühe – bildeten eine zusätzliche Einnahmequelle. Abends öffnete das Pfarrhaus seine gastlichen Pforten für Gesellschaften, bei denen Sterne die Baßgeige spielte und seine Frau sang. Das ruhige Landleben vermochte ihn aber nicht auszufüllen, und so zog es ihn mehr und mehr nach York, der Metropole des Nordens, wo er gelegentlich zu predigen hatte. Hier betätigte er sich zum erstenmal schriftstellerisch, indem er kleine Artikel im alltäglichen Meinungskampf innerhalb des Klerus über politische und religiöse Fragen für seinen Onkel Jaques verfaßte, bis er sich 1747 mit ihm überwarf.

Im gleichen Jahr wurde Sterne eine Tochter Lydia geboren, die er abgöttisch liebte, während er sich innerlich und äußerlich immer mehr von seiner kränkelnden Frau entfernte, die sich als zänkisch und selbstsüchtig erwies.

Nach einer Satire auf die Eigennützigkeit und die Intrigen des Klerus von York, der 'Politischen Romanze', die bei ihrem Erscheinen sofort verboten und von den kirchlichen Würdenträgern aufgekauft und verbrannt wurde, wandte sich Sterne erst mit sechsundvierzig Jahren ernsthaft der Literatur zu. Gleich sein erster Roman, 'Tristram Shandy', dessen erste beide Bücher 1759 erschienen, machte den Landgeistlichen mit einem Schlage berühmt und zum gefeierten Helden der aristokratischen Gesellschaft Londons, die ihn als ein geistvolles Kuriosum zu ihren Diners einlud. Alle Gemüter gerieten in Bewegung, sei es in überschwenglichem Lob der freien, aufklärerischen, aller Pedanterie und Engstirnigkeit so fernen Geisteshaltung oder der tiefen Menschenkenntnis, der warmen Sympathie und des erfrischenden Humors bei der Zeichnung der ihr Steckenpferd reitenden Charaktere, sei es in scharfer Kritik an der verwirrenden Form und den oft recht eindeutigen Zweideutigkeiten. 'Tristram Shandy' stellte die von Defoe bis Fielding und Smollett gerade erst erarbeitete Form des gradlinig erzählten Personen- und Abenteuerromans auf den Kopf. Der Titelheld wird im ersten Buch mit knapper Not gezeugt, im dritten halb und im vierten ganz geboren, worauf er bald wieder aus dem Gesichtskreis des Lesers verschwindet. Unterbrechung ist das Wesen Tristrams, und der Gang der Erzählung löst sich in eine Kette von Abschweifungen auf, die bis ins Uferlose zu gehen scheinen. Gedanke reiht sich unmittelbar an Gedanke. Sterne fußt mit diesem Assoziationsstil auf John Locke – dem einzigen Philosophen, den er bewunderte – und dessen Lehre von der Entstehung und Verbindung der Ideen. In der Sprengung der Form muß aber Zerstörung und Befreiung zugleich gesehen werden. 'Tristram Shandy' wurde auch auf dem Kontinent mit Interesse aufgenommen. Als Sterne, der 1760 die ertragreiche Pfarre von Coxwold in Yorkshire erhielt, zwei Jahre später aus gesundheitlichen Gründen nach dem Süden reiste, stand er in Paris im Mittelpunkt der vornehmen Salons. Er schloß Freundschaft mit Diderot und war häufig beim Baron d'Holbach zu Gast, einem führenden Philosophen des mechanischen Materialismus, dessen undialektische Denkweise Sterne, der Seelenmensch, in der 'Reise des Herzens' ablehnte. Mehrere Monate hielt es ihn in Paris, bis Frau und Tochter ankamen, mit denen er nach Südfrankreich weiterreiste, um dort Genesung zu suchen. Erst im Mai 1764 kehrte er allein nach England zurück. Viele Episoden der 'Reise des Herzens' erlebte Sterne während dieses Aufenthalts in Frankreich, zum Beispiel die Geschichte mit dem Reisepaß, wobei Holbach für ihn bürgte, bis der Paß beschafft war. Sie fanden einen ersten Niederschlag in den letzten Büchern des 'Tristram Shandy', den Sterne immer weiter fortführte, bis 1767 das neunte Buch erschien, ohne das Ganze abzuschließen.

Schon während der Frankreichreise erwachte in ihm der Plan, einer Zeitsitte folgend, eine Reisebeschreibung herauszugeben. Doch sollte es keine der üblichen Art werden, keine bloße Beschreibung von Land und Leuten, sondern sie sollte die inneren Eindrücke, die Empfindungen des Reisenden spiegeln. Die bereits gesammelten Erlebnisse reichten aber nicht aus, um ein Buch zu füllen. Den äußeren Anstoß gab das Erscheinen der herkömmlichen Reisebeschreibungen von Smollett und Dr. Sharp, die beide in der 'Reise des Herzens' als Smelfungus und Mundungus verspottet werden, und im Oktober 1765 begab sich Sterne auf eine zweite Kontinentreise mit dem ausgesprochenen Ziel, Anregungen für ein Buch zu sammeln. Wieder führte ihn der Weg nach Paris, aber schon nach wenigen Tagen ging es weiter über Lyon und den Mont Cenis nach Italien hinein, nach Turin, Mailand, Florenz, Rom und Neapel. Im Mai 1766 traf er wieder in England ein.

Bevor er aber begann, seine Reiseerlebnisse niederzuschreiben, machte er die Bekanntschaft einer Frau, Elizabeth Draper, die von tiefgreifender Wirkung auf ihn und den gefühlsmäßigen Hintergrund seines Buches werden sollte. Elisa war die junge Frau eines Beamten der Ostindischen Gesellschaft. Aus gesundheitlichen Gründen blieb sie länger als ihr Gatte in England zurück, wohin sie ihre Kinder zur Erziehung gebracht hatten. Sterne begegnete ihr im Januar 1767 bei Freunden und verliebte sich über alle Maßen in die fast dreißig Jahre jüngere Dame. Sie vermochte sich seiner geistvoll schmeichelnden Unterhaltung nicht zu entziehen, und er wurde ihr väter-

lich lehrhafter Vertrauter. Beide verbrachten eine sehr glückliche Zeit miteinander in regem Austausch von Gedanken und Gefühlen – bis ihr Gatte sie nach Indien zurückrief. Am 3. April 1767 fuhr ihr Schiff ab. Sterne kehrte innerlich gebrochen vom Hafen zurück. Elisa mußte ihm versprechen, den begonnenen Briefwechsel fortzusetzen und genau wie er ein Tagebuch zu führen. In diesem 'Tagebuch für Elisa' spiegelt sich die übermächtige und schmerzliche Sehnsucht eines gequälten und einsamen Menschen nach seiner Geliebten. Daß aber auch hier der Gefühlsüberschwang bei aller Sensibilität Sternes nicht echt ist, beweist die Tatsache, daß er mehrere Stellen, die ihm wegen ihrer Tränenseligkeit besonders gut gefielen – darunter die oben zitierte mit dem nur für eine Person gedeckten Tisch –, fast wörtlich von seinen alten Liebesbriefen an seine Frau abschrieb. Das Tagebuch war als Gegenstück zu Swifts 'Tagebuch für Stella' gedacht und von vornherein auf literarische Wirksamkeit berechnet.
Sternes Gesundheit wurde nun zusehends schlechter. Ein Lungenleiden ließ ihn oft nur wenige Stunden am Tag arbeiten. In dieser Lage aber schrieb er neben dem 'Tagebuch für Elisa' seine 'Reise des Herzens durch Frankreich und Italien'. Die formalen und moralischen Exzentrizitäten des 'Tristram Shandy', die Sterne schwere Vorwürfe eingebracht hatten, sublimierten sich im Reifeprozeß von selbst. Um seinen ins Wanken geratenen Ruf zu festigen, wollte Sterne der Welt ein Buch hinterlassen, das frei von allem Anstößigen war. Humor, warme Empfindung und Menschenliebe blieben zurück. In einem Brief lesen wir: »Meine Absicht war, uns zu lehren, die Welt und unsere Mitmenschen besser zu lieben als wir es tun – und darum ruht es hauptsächlich auf jenen zarteren

Leidenschaften und Neigungen, die so viel dazu beitragen.«
Zwar fehlte es der 'Reise des Herzens' nicht an mehr oder weniger deutlichen Anspielungen, doch werden sie mit so viel geistvoll witzigem Humor und so unschuldiger Miene gemacht, daß sie auch für keusche Ohren das Verletzende verlieren. Hierauf beruht nicht zuletzt Sternes Beliebtheit in der Damenwelt. Der Reisende Yorick kostet mit sichtbarem Behagen alle schlüpfrigen Gedanken und verführerischen Situationen aus, er zeigt aber zugleich auch die Überwindung alles Niedrigen. Ständig betont er mit scheinheiliger Ironie die Reinheit seiner Gedanken und schiebt jede unsaubere Vorstellung dem Leser in die Schuhe. Yoricks Handlungen singen ja in der Tat auch ein Loblied auf die moralische Anständigkeit. Er deutet eben nur an, führt aber nichts aus. Diese delikate Haltung verleiht dem Buch einen besonderen Reiz. Selbst in den verfänglichsten Augenblicken behält Yorick einen klaren Kopf und verliert sich nicht. Er kennt die Grenze des Schicklichen und widersteht. Auf das Kapitel 'Die Versuchung' folgt das Kapitel 'Der Sieg'. Hier zeigt sich, wie sehr Sterne selbst in der Person des Yorick steckt; denn Sternes Verhältnis zu den Frauen war genau das gleiche. Liebe ging für ihn nur bis zum Flirt, sie war ein Spiel der schweifenden Phantasie und des Gefühls. Die Erfüllung interessierte ihn kaum. – »Ich finde kein Vergnügen dabei«, sagt Yorick zu La Fleur. Ohne Zweifel litt Sterne unter seinem Temperament, das sicher nicht ohne Einfluß auf seine unglückliche Ehe war. Ruhelos und gehetzt flatterte er von einer Liebelei zur anderen, ohne Befriedigung zu finden. Die Episode mit dem Star, der nicht aus seinem Käfig heraus kann und den auch Yorick nicht zu befreien vermag, wird zu einem Symbol für das Gefangen-

sein Sternes in sich selbst. (Der Name Sterne läßt sich auf ein englisches Wort für Star zurückführen.)
In formaler Hinsicht nähert sich die 'Reise des Herzens' der herkömmlichen Erzählweise, doch folgen auch hier die einzelnen Episoden oft sprunghaft aufeinander. Impressionistisch setzt Sterne ein Erlebnis, das seine Gefühle erregte, neben ein anderes. Eingeschobene Geschichten, wie die von Abdera oder die von dem Degen, unterbrechen die Beschreibung der Reise, auf die es Sterne weniger ankommt. Das Ganze ist aber unvergleichlich fester gefügt als der 'Tristram Shandy'. Von dem gezügelten Assoziationsstil zeugen die zahllosen Gedankenstriche. Sterne schreibt die Gedanken auf, wie sie ihm kommen. Er weist damit tastend voraus auf die »Bewußtseinskunst« der modernen Literatur, die von James Joyce bis zum äußersten Extrem getrieben wurde, bleibt aber dennoch der Erzähler des achtzehnten Jahrhunderts.
Sterne nannte seine Reise 'A Sentimental Journey', und es war Lessing, der auf eine Anfrage des Übersetzers Johann Joachim Christoph Bode den Titel durch 'Empfindsame Reise' verdeutschte. Beides bezeichnet aber die Gefühlsatmosphäre des Buches nur sehr unvollkommen. Das Wort »empfindsam« in seiner heutigen Bedeutung trifft nicht mehr das, was Lessing wohl darunter verstand, und erst recht nicht das, was Sterne mit *sentimental* meinte. Aus diesem Grunde haben wir uns bei der Neuübersetzung entschlossen, den alten deutschen Titel, den nur noch die Tradition rechtfertigt, aufzugeben und durch die dem Gefühlskern näherkommende und von Sterne selbst gebrauchte (S.133) Bezeichnung »Reise des Herzens« zu ersetzen.
Sternes »Empfindsamkeit«, die ihn berühmt machte, trägt eigenartige Züge. Die Betonung des Gefühls war in der

englischen Literatur der damaligen Zeit nichts Neues. Die Epoche der Aufklärung läßt sich eben keineswegs einseitig auf Verstandesherrschaft festlegen. Neben dem Rationalen, Vernunftmäßigen läuft als Gegenbewegung von Anfang an ein Strom des Irrationalen, Gefühlsmäßigen her. Der Widerspruch zwischen der postulierten besten aller Welten und der Wirklichkeit wurde immer deutlicher. Als Resultat erfolgte eine Wendung von der äußeren zur inneren Welt, die sich in der Lyrik in der Grabes- und Nachtpoesie von Young, Blair und Gray ausdrückte.

Auf dem Gebiete des Romans vollzog Richardson die Wendung vom Abenteuerroman Defoes zum sentimentalen Briefroman. Von Richardson aus, dessen 'Pamela' 1740 erschien, verbreitete sich eine Welle des Sentimentalismus über ganz Europa. Soziologisch vertrat Richardson die Tugendhaftigkeit des Kleinbürgertums gegen die Übergriffe des Adels. Seine berühmten Heldinnen sind den Verführungskünsten von Aristokraten ausgesetzt, und seine Sympathie gilt den Verführten und Bedrohten. Die Gefühlshaltung, deren messerscharfe Analyse Richardsons Hauptanliegen ist, ist daher passiv zu Tränen rührend und tragisch. Ein Vierteljahrhundert später, nach den abenteuerlichen und humoristischen Romanen Fieldings und Smolletts, tauchte die Empfindsamkeit in der erzählenden Literatur wieder auf, doch mit gewandeltem Antlitz. Im Jahre 1766 erschien Goldsmiths 'Vikar von Wakefield', der sich gegen eine billige Rührseligkeit richtet und an ihre Stelle natürliches Fühlen in ländlicher Idylle setzte.

Der Gefühlsgehalt der 'Reise des Herzens' von 1768 trägt dagegen wieder andere Züge. In Sterne vereinigten sich die beiden Strömungen der Zeit: Ratio und Gefühl. Seine Neigung zum Sentimentalen zeigte sich schon in den Liebesbriefen an seine Braut und dann wieder im 'Tagebuch für Elisa'. Wir haben bereits gesehen, daß diese Haltung nicht ganz echt ist. Sterne suggerierte sich bewußt in seine Tränenstimmungen hinein, um sie zu genießen. Auch in der 'Reise des Herzens' bleibt das Gefühl nie sich selbst überlassen. Nur bis zu einem gewissen Grade läßt ihm Sterne freien Lauf, dann schickt er die Vernunft hinterher und fängt es wieder ein. Selbst wo der »erste Impuls« als Triebfeder proklamiert wird, unterliegt er einer kritischen Analyse. Diese Analyse legt einen Gefühlskern frei, der dem Richardsons entgegengesetzt ist. Sternes »Empfindsamkeit« ist nicht weinerlich-passives Leiden, sondern aktives Wohlwollen gegenüber allen Geschöpfen der Natur, sie ist ein Antrieb zu gutem, moralischem Handeln. Das englische Wort *sentimental* steht hier als Gleichwort für gefühlvoll, gutherzig, großzügig, menschlich denkend und handelnd. Der Empfindsame Reisende wendet sich ab von den schmeichelnden Parasiten der Salons, ihn zieht es zu den einfachen Menschen, der wahren Natur, die sich im Verborgenen offenbart. Er hilft dem Bettler, dem von Kummer und Not Geplagten, dem Unterdrückten; er ergötzt sich an den Freuden anderer und nimmt Anteil an ihren Leiden. Sein Wohlwollen lehrt ihn Toleranz und Menschenliebe. Am stärksten aber unterscheidet sich Sterne von dem ernsthaften Richardson durch den befreienden Humor, der aus jeder Seite der 'Reise des Herzens' spricht und zu dem sich Sterne trotz Krankheit des Körpers und des Herzens erhob. Der Humor läßt selbst an den Stellen, an denen die Tränen fließen, den Eindruck der Sentimentalität nicht aufkommen. Eine komische Geste oder eine ironische Bemerkung stellen das Gleichgewicht sofort wieder her. Sterne sagte selbst von sich: »Ich lache, bis ich weine, und im gleichen Augenblick weine ich, bis ich lache.« Dieser rasche Gefühlsumschlag ist kennzeichnend für ihn. Sternes Gefühle sind so durchgeistigt und mit Humor und Ironie verwachsen, daß seine »Empfindsamkeit« ein ganz unsentimentales Gepräge erhält. Sterne stellte sich bewußt in eine literarische Tradition und überwand sie doch gleichzeitig – im Gegensatz zu seinen Nachahmern –, indem er seine Gefühle nicht mehr völlig ernst nahm, sondern zu seinem eigenen Ergötzen und dem des Lesers damit sein Spiel trieb. Die Geschichte von dem Deutschen und seinem toten Esel ist geradezu eine Parodie auf den Sentimentalismus. Nicht umsonst nannte Sterne sich Yorick, nach dem Hofnarren des dänischen Königs in Shakespeares 'Hamlet'. Als Yorick begegnet er uns auch in der 'Reise des Herzens', und als solcher will er auch verstanden sein. Nur so läßt sich die tränenreiche Geschichte von der geistesgestörten Maria mit dem Zusammenstoß mit der Marchesa Fagniani an der Tür zum Konzertsaal oder der Episode um Madame de Rambouillet vereinigen.

Die nur skizzenhaft umrissenen Charaktere und Szenen der 'Reise des Herzens' zeugen von Sternes hoher literarischer Kunst. Sie stehen mit solcher Lebendigkeit und Plastizität vor den Augen des Lesers, daß sie unvergeßlich bleiben, ganz gleich, ob es sich um den Mönch, das Kammermädchen, den schmeichelnden Bettler, die Handschuhverkäuferin oder den gefangenen Star handelt. Mit unerhörter Feinheit und tiefer Menschenkenntnis zeichnet Sterne ein charakteristisches Bild seiner Gestalten und registriert ihre zartesten Herzensregungen. Dazu braucht er keine langen Beschreibungen. Wenige exakte Striche genügen für ihn, den geübten Zeichner. Eine Geste oder eine Haltung, eine knappe Antwort oder ein äußeres Merkmal lassen seine Menschen sogleich lebendig erscheinen. Trotz seiner kargen Mittel erreicht Sterne eine abstufende Schattierung im Optischen wie im Geistig-Seelischen, die ihresgleichen in der Literatur sucht. Sterne bleibt nicht an der äußeren Erscheinung haften. Mit scharfem Blick spürt er den großen und kleinen menschlichen Schwächen nach, deckt den Gegensatz von Schein und Sein auf und wirft ein Licht auf die Motive, aus denen die Handlungen entspringen. Das Äußere ist für ihn nur ein Schlüssel, mit dem er in das Innere seiner Gestalten eindringt, um zu beobachten, welche Vorgänge sich dort insgeheim abspielen. Er bietet aber nicht einfach eine kalte Analyse, sondern taucht alles, was er beschreibt, in eine Atmosphäre warmer Menschlichkeit, die vielleicht das Schönste ist, was uns das Buch zu geben vermag.

Wenn sich Sterne in der 'Reise des Herzens' – im Gegensatz zum 'Tristram Shandy' – auch einer direkten Kritik an der Gesellschaft enthält, so ist das Buch als Ganzes doch dem Geist der anfangs geschilderten Ausbeutergesellschaft seiner Zeit entgegengesetzt. Sein Angriff ist hier indirekt. Er wendet sich an den Einzelnen und versucht, Friedensliebe, Toleranz, Hilfsbereitschaft, Mitgefühl und wahre Menschlichkeit in ihm zu wecken. Er bekämpft damit von innen her den Trieb der herrschenden Schichten nach Reichtum, Macht und Ausbeutung der Schwächeren. Standesdünkel und leere Tradition sind ihm verhaßt. Für ihn sind alle Menschen gleich, Titel oder Besitz machen ihren Wert nicht aus. Stets tritt Sterne als Freund der Armen und Unterdrückten auf. Er schildert bei der Beschreibung der Bastille und beim Anblick des gefangenen Stars das Elend der Sklaverei und reihte sich in die Antisklavereibewegung ein, wie sein Brief an den Negersklaven Ignatius Sancho zeigt. Sternes Werk ist eine Befreiung aus

geistiger und moralischer Enge, aus Pedanterie, Vernünftelei und Dogmatismus. Es ist ein Schritt vorwärts in der geistigen und gesellschaftlichen Entwicklung.
Laurence Sterne überlebte das Erscheinen seiner 'Reise des Herzens' nur um drei Wochen. Er starb am 18. März 1768 im Alter von fünfundfünfzig Jahren. Den Triumphzug seines letzten Buches über den gesamten Kontinent erlebte er nicht mehr. Schon nach einem Monat war die erste Auflage vergriffen, und eine zweite folgte noch im März 1768. Von dem großen Erfolg ermuntert, schrieb Sternes Freund Hall-Stevenson, sein »Eugenius«, eine Fortsetzung dazu, die aber von geringer Bedeutung geblieben ist.
Durch Karamsin drang Sternes Einfluß auch in die russische Literatur ein.
Schon acht Monate nach der Londoner Ausgabe der 'Reise des Herzens' erschien die ausgezeichnete deutsche Übersetzung von Bode, die die Sympathie des deutschen Lesepublikums im Nu eroberte und eine beachtliche Wirkung auf die deutsche Literatur ausübte. Zahllose Nachahmungen zeugen davon. Aber alle blieben weit hinter ihrem Vorbild zurück. Jean Paul kommt Sterne vielleicht am nächsten. Herder, Wieland, Lessing, Lichtenberg und vor allem Goethe gehören zu seinen großen Bewunderern. Goethe nannte Sterne den »schönsten Geist der je gewirkt hat«. Seit Straßburg war er mit Sternes Werk vertraut, und am Schluß seines Lebens bekannte er: »Ich kenne noch immer seines Gleichen nicht in dem weiten Bücherkreise.«
Welche Ausmaße die Begeisterung für Sterne erreichte, zeigt der Versuch Johann Georg Jacobis, einen St.-Lorenz-Orden zu gründen, dessen Mitglieder als Emblem eine Lorenzdose erhalten sollten mit der Inschrift »Pater Lorenzo« und »Yorick«. Diese Dose sollte ihren Inhaber

zur Güte mahnen, wie Yorick in der 'Reise des Herzens' durch die Tabaksdose des Mönchs zur Güte gemahnt wurde. Viele Sterne-Anhänger nahmen die Idee ernst und eine Anzahl von Dosen wurde tatsächlich hergestellt. Während die unzähligen Nachahmungen Sternes größtenteils, und mit Recht, in Vergessenheit geraten sind, bietet die Lektüre der 'Reise des Herzens durch Frankreich und Italien' noch heute hohen Genuß und reichen Gewinn. Was Goethe den Lesern seiner Zeit zurief: »Auch jetzt im Augenblick sollte jeder Gebildete Sternes Werk zur Hand nehmen, damit auch das neunzehnte Jahrhundert erführe, was wir ihm schuldig sind, und einsähe, was wir ihm schuldig werden können«, das dürfen wir darum getrost auch den Lesern des zwanzigsten Jahrhunderts sagen.

Helmut Findeisen

9 *Meile:* engl. Meile = 1609,3 m. – *Elisa:* Sterne spricht hier, wie auch an den folgenden Stellen, von seiner Freundin Elizabeth Draper (s. Nachwort).

11 *Preziöse:* überfeinerte, affektierte Salondame. – *Franziskus:* Franz von Assisi (1182–1226), Gründer des Franziskanerordens (um 1210). Wichtigster Leitsatz des Ordens war Armut, sowohl des einzelnen Ordensbruders als auch des Ordens als Gemeinschaft. Die Franziskaner lebten darum fast ausschließlich vom Betteln. – *sed non quoad hanc:* aber nicht in dieser Hinsicht.

12 *Sou:* kleinste damalige französische Münze, Pfennig. – *Guido:* Guido Reni (1575–1642), ital. Maler des Frühbarock, Schöpfer von Heiligenbildern voll von hohem Pathos. – *Brahmane:* Angehöriger der obersten Kaste der Hindus, aus der die Priester, Dichter, Gelehrten und Politiker stammten.

14 *Orden der barmherzigen Brüder:* gegründet um 1540 durch Juan de Dío in Granada mit dem Hauptziel der Krankenpflege.

16 *Vesper:* kath. Gottesdienst am späten Nachmittag.

17 *peripatetischer Philosoph:* Mitglied der philosophischen Schule des Aristoteles; hier im eigentlichen Wortsinne gebraucht: umherwandelnder Philosoph.

18 *ad infinitum:* bis ins Unendliche. – *Vorrecht des Klerus:* begann im 12. Jh. mit dem Anspruch der Kirche, kein »clericus« unterstehe der weltlichen Gerichtsbarkeit. Daraufhin wurde von den Zivilgerichten die Todesstrafe über Angehörige des Klerus nicht mehr verhängt. Später wurde der Begriff »clericus« auf alle Personen erweitert, die lesen konnten, und das Vorrecht des Klerus als Mittel benutzt, die Härte des Gesetzes zu mildern. So trat in vielen Fällen an Stelle der Todesstrafe die Verbannung ins Ausland. Das Vorrecht des Klerus wurde 1827 abgeschafft.

19 *besoin de voyager:* Bedürfnis zu reisen.

24 *Mont Cenis:* Alpenpaß an der französisch-italienischen

Grenze, 2090 m über NN. – *Mon Dieu!:* Mein Gott! – *C'est bien vrai:* Das ist sehr wahr.

25 *homme d'esprit:* Mann von Geist, Schöngeist. –

26 *Hyde Park Corner:* Südost-Ecke des Hyde Parks, des größten Parks von London.

29 *Esra:* jüdischer Priester, soll 458 v. Chr. eine Schar jüdischer Rückwanderer aus der babylonischen Gefangenschaft nach Jerusalem geführt haben. Von ihm handelt das alttestamentliche Buch Esra.

30 *englischer Philosoph:* Anspielung auf die Erkenntnistheorie von John Locke (1632–1704). Nach ihr beginnt die Erkenntnis mit der Empfindung, wird jedoch erst durch deren Verarbeitung im Verstande vollendet.

37 *tartuffisch:* frömmlerisch, nach Molières Komödie 'Tartuffe' (1664).

40 *Vous n'êtes pas . . . ?:* Sie sind nicht aus London? . . . Wahrscheinlich sind Sie Flämin? . . . Vielleicht aus Lille? – *pour cela:* was das betrifft. – *Et Madame . . .:* Und gnädige Frau sind verheiratet?

41 *grand tour:* große Reise durch Europa, die die Söhne reicher englischer Familien als Abschluß ihrer Ausbildung zu machen pflegten; meist durch Frankreich, (Spanien), die Schweiz, Italien, (den Balkan), Österreich, Deutschland und Holland.

42 *Cupido:* Amor.

44 *Guinea:* engl. Goldmünze im Werte von 21 Schillingen, d. h. etwa 20 Mark in Gold; seit 1813 nicht mehr geprägt.

45 *von Dan nach Bersaba:* vom einen Ende des Landes zum andern. Dan lag im äußersten Norden, Bersaba im äußersten Süden des alten Palästina. – *Smelfungus:* Tobias Smollett (1721–71), der Romanschriftsteller und Zeitgenosse Sternes, Verfasser des 'Roderich Random' (1748). Er veröffentlichte 1766 eine Beschreibung seiner 'Reisen in Frankreich und Italien'.

46 *Pantheon:* berühmtes Gebäude in Paris im klassischen Stil mit einer der Peterskirche in Rom ähnelnden Kuppel; ein Hauptwerk klassizistischer Baukunst in Paris, Rundbau mit

Kuppel und vorgelagerter Säulenhalle, 1764–90 nach Soufflots Plänen errichtet, ursprünglich Kirche der heil. Genoveva. *Venus di Medici:* antike Marmorstatue von unbekannter Hand; genannt nach Cosimo di Medici III., der die Statue nach Florenz brachte, die um 1680 in Tivoli in der Villa Hadrians gefunden worden war. – *»wobei er . . .«:* Zitat aus Shakespeares 'Othello', I, 3. – *Bartholomäus:* einer der zwölf Jünger, der nach der Kreuzigung Jesu in Armenien und Indien predigte. Der Überlieferung nach soll ihm bei lebendigem Leib die Haut abgezogen und er darauf gekreuzigt worden sein. – *Mundungus:* gemeint ist Dr. S. Sharp, ein bekannter Arzt, der seinen Beruf aufgab und größere Reisen unternahm. 1766 erschienen von ihm 'Briefe aus Italien'.

48 *qu'un Milord . . . :* daß ein Herr Engländer dem Kammermädchen einen Taler schenkte. – Um so schlimmer für Fräulein Jeanneton. – *tant pis:* um so schlimmer. – *tant mieux:* um so besser. – *Pardonnez-moi:* Entschuldigen Sie. *H., der Dichter:* wohl John Home (1722–1808), der Verfasser des damals beliebten phantastischen Dramas 'Douglas' (1756) und des gefühlsüberladenen Stückes 'The Siege of Aquileia' (1760). Home war ein Freund David Humes. – *H., der Historiker:* David Hume (1711-76), als Philosoph der Fortführer der Erfahrungsphilosophie Lockes (s. zu S. 30), als Verfasser der aufgeklärten 'History of Great Britain' (1754–63), in der das Spiel menschlichen Ehrgeizes dem philosophischen Leser zur Unterhaltung dargeboten wird, damals auf der Höhe seines Ruhms, lebte seit 1763 als Gesandtschaftssekretär in Paris und war 1767/68 Unterstaatssekretär im Auswärtigen Amt. Für beide Namen, Home und Hume, ist die gleiche Aussprache: hjum, möglich.

50 *à ses terres:* auf seine Landgüter, d. h. in seine Heimat. – *comme il plaisait à Dieu:* wie es Gott gefiel. – *compagnon du voyage:* Reisegefährte. – *O qu'oui!:* O ja!

52 *C'est un garçon . . .:* Das ist ein glücklicher Bursche. – *Hose unters Kopfkissen legen:* Vorsichtsmaßregel der Reisenden gegen überraschende Überfälle und Diebstahl durch Räuber oder Dienstpersonal in Gasthäusern. Da Verliebte meist

nicht schlafen können, wird diese Maßnahme bei ihnen überflüssig.

53 *Abdera:* eine Art Schilda der Antike. – *Demokrit:* griech. Philosoph, Hauptvertreter der atomistischen Schule, geb. um 460 v. Chr. in Abdera; nach späterer Erfindung soll er als »lachender Philosoph« die Fehler der Menschen durch Lachen zu bessern versucht haben. – *Euripides:* nach Aischylos und Sophokles der jüngste der drei großen griech. Tragiker (485–406 v. Chr.). Seine Tragödie 'Andromeda' ist nicht erhalten.

54 *Nieswurz:* Helleborus, Hahnenfußgewächs, dessen Wurzel Erbrechen und Durchfall verursacht; später für Schnupftabak verwendet.

55 *Place aux dames!:* Platz den Damen! – *Prenez-en – prenez!:* Nehmt davon – nehmt! – *Vive le Roi!:* Es lebe der König!

56 *pour l'amour de Dieu:* um der Liebe Gottes willen. – *Mon cher . . . !:* Mein lieber und sehr barmherziger Herr!

57 *Dieu vous bénisse:* Gott segne euch. – *Et le bon Dieu . . .:* Und der liebe Gott segne Sie nochmals. – *Diable:* Teufel.

58 *Monsieur, c'est un cheval . . .:* Mein Herr, das ist eins der störrischsten Pferde der Welt. – *Peste!:* Pest!

60 *St. Jago,* Santiago, Stadt in Nordwest-Spanien, wurde im Mittelalter zu einem berühmten Wallfahrtsort.

68 *Quelle étourderie!:* Welcher Leichtsinn! – *par hazard:* zufällig. – *Fauxpas:* Fehltritt.

70 *La voilà:* Da ist er!

72 *Me voici, mes enfants!:* Hier bin ich, Kinder!

75 *mais prenez garde:* aber geben Sie acht.

76 *Attendez!:* Passen Sie auf!

79 *salisch:* nur die männliche Thronfolge gelten lassend.

81 *M'en croyez-vous capable?:* Glauben Sie, ich sei dazu fähig? – *Tobias Shandy:* Onkel des Titelhelden aus Sternes Roman 'Tristram Shandy'.

82 *Martini, Giovanni Battista* (1706–84), ital. Kapellmeister und Komponist von Sonaten, Duetten, Kanons und Messen, berühmter Lehrer der Theorie an der Musikschule zu Bologna.

84 *Cäcilia:* Patronin der Musik.

86 *Carrousel:* Platz in Paris zwischen dem Louvre und den Tuilerien. – *Palais Royal:* wurde 1629 durch Lemercier für Kardinal Richelieu gebaut; lange Zeit Residenz der Prinzen von Orléans, jetzt Nationaleigentum.

88 *Haussez . . .!:* Hände hoch, Herr Abbé!

90 *Quelle grossièreté!:* Welche Gemeinheit! – *Le pour . . .:* Für und Wider finden sich in jeder Nation.

91 *Rien que pisser!:* Nichts als p–ssen! – *brecht eure Rose:* Wenn sich eine Engländerin im Freien für einige Minuten aus einer Gesellschaft zurückziehen muß, so kehrt sie meist mit einer Blume in der Hand zurück, damit das Blumenpflücken als Motiv für ihr Verschwinden gelte. – *Castalia:* stürzte sich in einen Brunnen am Parnaß, dem Sitz Apollos und der Musen, um ihre Keuschheit zu bewahren, als sie von Apollo verfolgt wurde.

92 *Rat des Polonius:* s. Shakespeares 'Hamlet', I, 3. – *Comment!:* Wie! – *C'est un esprit fort:* Er ist ein großer Schöngeist. – *'Les Égarements . . .':* 'Die Irrungen des Herzens und des Geistes' (1736); Roman von Crébillon dem Jüngeren (1707–77), dem Verfasser mehrerer schlüpfriger Liebesromane.

93 *Le Dieu m'en garde!:* Gott behüte mich davor! – *Krone:* engl. Münze im Werte von 5 Schillingen; etwa 5 Mark.

94 *En verité . . .:* Wahrhaftig, mein Herr, ich werde dieses Geld beiseite legen.

96 *Kriegszustand:* der Siebenjährige Krieg (1756–63), in dem England mit Preußen gegen Frankreich und Österreich verbündet war.

98 *Bastille, Châtelet:* Während die Bastille in erster Linie als Staatsgefängnis diente, war das Châtelet ein gewöhnliches Gefängnis. – *Cela n'empêche pas:* Das änderte nichts an der Sache.

108 *C'est une autre affaire:* Das ist eine andere Sache.

109 *St.-Ludwigs-Orden:* 1963 von Ludwig XIV. für militärische Verdienste gestiftet.

116 *et ayez la bonté . . .:* Und haben Sie die Güte, mein lieber Freund, mir diese Ehre zu erweisen.

117 *C'est bien dit:* Das ist sehr hübsch gesagt. – *Eh bien ...:* Nun gut, Herr Engländer.

118 *Luxembourg:* Palais in Paris, um 1620 von S. de Brosse für Maria von Medici erbaut. – *Louvre:* ehemalige Königsresidenz; der Bau wurde 1204 unter Philippe Auguste begonnen. Die südliche Außenfassade ist ein hervorragendes Baudenkmal der Frührenaissance, die Hoffassade des Westflügels ein Hauptdenkmal der französischen Renaissance. Im Louvre legte Franz I. den Grundstock zu den großen Kunstsammlungen, woran Ludwig XIV. anknüpfte.

119 *Me voici!:* Hier bin ich.

120 *Et, Monsieur ...:* Und, mein Herr, er ist Yorick? – Ich bin es. – Sie? – Ich, ich, der ich die Ehre habe, mit Ihnen zu sprechen, Herr Graf. – Mein Gott! Sie sind Yorick!

121/122 *Aeneas, Dido:* Aeneas war ein trojanischer Prinz, der Troja nach der Zerstörung durch die Griechen verließ. Bei Karthago erlitt er Schiffbruch und mußte an Land gehen. Die Königin von Karthago, Dido, verliebte sich in ihn und nahm sich das Leben, als Aeneas auf Befehl der Götter nach Rom weiterziehen mußte. Von ihm leiten die Römer ihre trojanische Abstammung ab. So wird die Geschichte in der epischen Dichtung 'Aeneis' von dem römischen Dichter Vergil erzählt. In ihrem 6. Gesange erzwingt sich Aeneas Zutritt zur Unterwelt und begegnet dort Dido inmitten der Schatten.

122 *Un homme qui rit ...:* Ein Mann, der lacht, wird niemals gefährlich sein. – *Pardonnez-moi!:* Verzeihen Sie mir, Herr Graf! – *Et vous plaisantez?:* Und Sie machen Scherze? – *Karl II.:* König von England (1660–85); versuchte die Restauration der absoluten Monarchie nach der puritanischen Revolution und der Republik unter Cromwell. Seine Herrschaft zeichnete sich durch Willkür und Niedergang der Moral aus, sie wird darum allgemein die »zügellose« genannt.

123 *Voilà un persiflage!:* Das ist feiner Spott!

124 *Mais passe, pour cela:* (etwa:) Nun, lassen wir das mal. – *Vraiment ...!:* Wahrhaftig, die Franzosen sind höflich!

125 *politesse du cœur:* Höflichkeit des Herzens. – *König Wilhelm:* Wilhelm III. von Oranien (1688–1702) wurde während der

Glorreichen Revolution 1688/89 vom englischen Parlament als Nachfolger für den nach Frankreich geflohenen Jakob II. auf den Thron gerufen.

126 *Mais vous plaisantez:* Aber Sie scherzen.

134 *Vous voyez:* Sie sehen, mein Herr.

135 *et tout cela:* und alles das. – *en conscience:* diskret.

137 *C'est déroger . . .:* Das geht gegen den Adel, mein Herr. – *Et encore:* Und dann.

139 *Solitär:* ein großer Edelstein. – *pour faire le galant . . .:* um seiner Geliebten den Hof zu machen.

141 *Rabelais:* humoristisch-satirischer franz. Schriftsteller, Humanist, Geistlicher und Arzt (1494–1553); Verfasser des Romans 'Gargantua und Pantagruel'.

142 *Gruter* oder Gruytere, Jan (1560–1627), Gelehrter, in Antwerpen geboren; ging aus religiösen Gründen nach England, studierte in Cambridge; wurde 1586 Professor für Geschichte an der Universität Wittenberg. – *Jacob Spon* (1647–85), in Lyon oder Straßburg geboren; Arzt und Archäologe.

143 *Sorbonne:* Name der Pariser Universität. – *garde d'eau!:* Gib acht aufs Wasser!

144 *Faubourg:* Vorstadt.

146 *Juste ciel!* Gerechter Himmel!

148 *vestalisch:* jungfräulich; nach den Vestalinnen, den jungfräulichen Priesterinnen der altrömischen Göttin des Herdfeuers, Vesta.

152 *Deistin:* Anhängerin des Deismus, der freidenkerischen Vernunftreligion der Aufklärung.

154 *plus badinant:* lockerer. – *Pardi! . . .:* Bei Gott! Dieser Herr Yorick hat ebensoviel Geist wie wir. – Er argumentiert gut. – Er ist ein guter Mensch. – *Bourbonnais:* franz. Provinz, jetzt Departement Allier.

155 *Ritter von der traurigen Gestalt:* Don Quijote, Titelheld des Romans von Cervantes.

158 *ein S:* der Anfangsbuchstabe von Shandy.

161 *Göttlichkeit . . .:* Zitat aus der Tragödie 'Cato' (1713) von Joseph Addison (1672–1717), dem Mitherausgeber des 'Spectator'.

Literatur aus Frankreich, England, Amerika u.a.

Charles und Mary Lamb. Shakespeare Novellen
Mit 21 Stichen einer Ausgabe von 1837. Auf Grund einer älteren Übersetzung bearbeitet von E. Schücking. it 268

Sir Thomas Mallory. Die Geschichten von König Artus und den Rittern seiner Tafelrunde
Übertragen von Helmut Findeisen auf Grund der Lachmannschen Übersetzung. Mit einem Nachwort von Walter Martin und Illustrationen von Aubrey Beardsley. Drei Bände in Kassette. it 239

Guy de Maupassant. Das Haus Tellier
und andere Erzählungen. Aus dem Französischen von Karl Friese und Helmut Bartuschek. Ausgewählt von Werner Berthel. Mit zeitgenössischen Illustrationen. it 248

Guy de Maupassant. Pariser Abenteuer
und andere Erzählungen. Ausgewählt von Werner Berthel. Mit zeitgenössischen Illustrationen. Aus dem Französischen von Helmut Bartuschek und Karl Friese. it 106

Herman Melville. Moby Dick oder der Wal
Aus dem Amerikanischen von Hans und Alice Seiffert. Mit einem Nachwort von Rudolf Sühnel. Zwei Bände. it 233

Mirabeau. Der gelüftete Vorhang oder Lauras Erziehung
Aus dem Französischen von Eva Moldenhauer. Nachbemerkung von Norbert Miller. it 32

Michel de Montaigne. Essais
Herausgegeben und mit einem Nachwort versehen von Ralph-Rainer Wuthenow. Revidierte Fassung der Übertragung von Johann Joachim Bode. it 220

Jan Potocki. Die Handschrift von Saragossa
Herausgegeben von Roger Caillois. Aus dem Französischen von Louise Eisler-Fischer. Aus dem Polnischen von Maryla Reifenberg. Mit Bildern von Goya. Zwei Bände. it 139

insel taschenbücher
Alphabetisches Verzeichnis

Kropotkin: Memoiren eines Revolutionärs it 21
Laclos: Schlimme Liebschaften it 12
Lamb: Shakespeare Novellen it 268
Das große Lalula it 91
Das Buch der Liebe it 82
Liebe Mutter } it 230 (in Kassette)
Lieber Vater } it 231
Lichtenberg: Aphorismen it 165
Linné: Lappländische Reise it 102
Longus: Daphnis und Chloë it 136
Lorca: Die dramatischen Dichtungen it 3
Der Löwe und die Maus it 187
Majakowski: Werke I it 16 Werke II it 53 Werke III it 79
Malory: König Artus (3 Bände) it 239
Marc Aurel: Wege zu sich selbst it 190
Märchen deutscher Dichter it 13
Maupassant: Das Haus Tellier it 248
Maupassant: Pariser Abenteuer it 106
Mäusegeschichten it 173
Melville: Moby Dick it 233
Michelangelo: Handzeichnungen und Dichtungen it 147
Michelangelo. Leben und Werk it 148
Minnesinger it 88
Mirabeau: Der gelüftete Vorhang it 32
Montaigne: Essays it 220
Mordillo: Das Giraffenbuch it 37
Mordillo: Das Giraffenbuch 2 it 71
Mordillo: Träumereien it 108
Morgenstern: Alle Galgenlieder it 6
Mörike: Die Historie von der schönen Lau it 72
Mozart: Briefe it 128
Musäus: Rübezahl it 73
Mutter Gans it 28
Die Nibelungen it 14
Nietzsche: Also sprach Zarathustra it 145
Novalis. Dokumente seines Lebens it 178
Orbeliani: Die Weisheit der Lüge it 81
Orbis Pictus it 9
Oskis Erfindungen it 227
Ovid: Ars Amatoria it 164
Paul: Der ewige Frühling it 262
Paul: Des Luftschiffers Gianozzo Seebuch it 144
Petzet: Das Bildnis des Dichters it 198